あそびから学びが生まれる 動的環境デザイン

編著 **大豆生田 啓友** 玉川大学教授

Gakken

Contents

- 4 この本の構成

序章
- 5 アクティブ・ラーニングを生み出す「動的環境」のデザイン
- 6 ● アクティブ・ラーニング時代の乳幼児教育・保育
  - ● なぜ、「環境構成」なのか?
- 7 ● 豊かな環境構成があることで、学びが起こる ―環境構成の重要性―
  - ● 環境を構成すればよいわけではない?
  - ● 「動的環境のデザイン」とは? ―環境の再構成―
- 8 ● 5領域や10の視点と環境構成
- 9 ● 保育室の環境 ―環境のコーナー化―
  - ● 視覚的な環境の再考 ―子どもへの「見える化」―
- 10 ● 動的環境のデザインへ

第1部 基礎編

第1章 0～2歳児の環境デザイン

- 12 落ち着いて過ごせる場
- 14 ごっこあそびの場
- 18 構成あそびの場
- 20 絵本の場
- 24 室内で体を動かしてあそぶ場
- 26 感性を豊かにする場
- 30 製作の場
- 32 保育室内を飾る
- 34 砂と泥の場
- 36 心と体を動かす外あそびの場
- 40 自然にふれる場

第2章 3～5歳児の環境デザイン

- 44 製作の場
- 54 ごっこあそびの場
- 60 知的な好奇心を育む場
- 66 構成あそび・ゲーム性のあるあそびの場
- 72 絵本の場
- 74 情報を可視化する場
- 78 水・砂・泥の場
- 82 自然とかかわる場

第2部 事例編
「主体的・対話的で深い学び」が生まれる環境

88 0歳児クラスの実践　多摩川保育園（東京都・大田区）
匂いへの興味・関心から生まれた学び

94 0〜2歳児クラスの実践　ちいさなたね保育園（神奈川県・横浜市）
0〜2歳児の異年齢で楽しむお散歩

100 4歳児クラスの実践　都跡こども園（奈良県・奈良市）
子どもの思いに沿って、計画は臨機応変に

106 3〜5歳児クラスの実践　ひだまり保育園（東京都・世田谷区）
異年齢で試行錯誤を楽しめる環境 ―水への興味がつながって―

112 5歳児クラスの実践　かぐのみ幼稚園（神奈川県・逗子市）
子どもがデザインする園庭環境

120 3〜5歳児クラスの実践　仁慈保幼園（鳥取県・米子市）
万華鏡の魅力から広がる世界

この本の構成

保育の質の向上を願うすべての人の手助けとなるよう、本書は次のような構成をとっています。

序章

アクティブ・ラーニングを生み出す動的環境デザインについて、編著者が解説。

第1部

第1章では0〜2歳児の、第2章では3〜5歳児の環境構成を、あそびの「場」別に写真で紹介。

その環境での大事なポイントを編著者が解説。

子どもの姿に沿って、環境を再構成した事例。

自然教育研究家で、松山東雲女子大学の准教授でもある出原 大先生が、自然環境を通した子どもの主体的・対話的な学びについて、事例を上げながら解説。

第2部

何歳児クラスの実践かを表示。

0〜5歳児の環境を通した主体的・対話的で深い学びについての事例を紹介。

その園の特徴。

そのときの保育者の葛藤や、保育と保育の間に行われたこと、特徴的な子どもの姿などを記している。

活動の日付が入っているので、時系列がわかりやすい。日付の入っていないところは、前の項目と同じ日に起こったことや、時系列に関係ない記述。

その実践をしたときに大事にしたこと、ほかの園で同じような実践をしたときに、押さえておきたいポイントを紹介。

その園の実践の特徴や見どころを、編著者が整理して解説。見るべきところがわかりやすく、理解が深まる。

序章
アクティブ・ラーニングを生み出す「動的環境」のデザイン

- 6 ● アクティブ・ラーニング時代の乳幼児教育・保育
  - ● なぜ、「環境構成」なのか？
- 7 ● 豊かな環境構成があることで、学びが起こる ―環境構成の重要性―
  - ● 環境を構成すればよいわけではない？
  - ●「動的環境のデザイン」とは？ ―環境の再構成―
- 8 ● 5領域や10の視点と環境構成
- 9 ● 保育室の環境 ―環境のコーナー化―
  - ● 視覚的な環境の再考 ―子どもへの「見える化」―
- 10 ● 動的環境のデザインへ

2018年4月に施行された3法令
（保育所保育指針、幼稚園教育要領、幼保連携型認定こども園教育・保育要領）では、
「環境を通して」あそび込むことの大切さが言われています。
子どもの「主体的・対話的で深い学び」を考えるとき、今までの環境構成と、何が違うのでしょうか。
「主体的・探求的で深い学び」は、どのような環境デザインを通して、
育まれていくのかを考えていきます。

序章　アクティブ・ラーニングを生み出す「動的環境」のデザイン

アクティブ・ラーニング時代の乳幼児教育・保育

　3法令が改訂（改定）され、いよいよアクティブ・ラーニング時代の乳幼児教育・保育が本格的に始動します。今回の改訂（改定）は、学校教育全体が、大きく変化する21世紀社会を生きる子どもにとって、必要な資質・能力を育成する教育に転換する改革です。それは、アクティブ・ラーニングの教育とも言われます。アクティブ・ラーニングとは、「主体的・対話的で、深い学び」と説明されていますが、乳幼児期の場合、子どもの主体的な活動であるあそびを通して総合的に行う保育が、それにあたるのです。

　本書は、『「子ども主体の協同的な学び」が生まれる保育』『「対話」から生まれる乳幼児の学びの物語』に続く第3弾です。大変好評をいただいたこのシリーズでは、制度変革に先駆けて、アクティブ・ラーニング時代の乳幼児教育・保育のあり方を、事例を通して提案してきました。そのキーワードが「主体性」「対話」「協同性」「学び」などだったのです。そこで本書は、子ども主体のあそびが学びとなる保育がより豊かになるため、「環境構成」をキーワードに構成を行いました。

なぜ、「環境構成」なのか？

　なぜ、今回は「環境構成」なのか。それは、子ども主体のあそびを通して、豊かな対話や協同が生まれ、気づきや探究、創造や発見による豊かな学びが生まれるためには、「環境構成」のあり方が不可欠だからです。保育者の子どもへの直接的なかかわりと関連して、いかに「環境」を構成しているかが、豊かな学びを生み出します。

　高山静子氏※は保育環境を構成する8つの要素として、①人、②自然、③物、④情報、⑤空間、⑥時間、⑦動線、⑧温度・湿度・空気の質、を挙げています。さらに、環境構成のポイントとして、（1）子どもの発達に合った環境、（2）さまざまな興味・関心を引き出す環境、（3）子どもが主体的に動ける環境、など、環境構成の大切な視点を提供しています。まさに、そのような視点が大切になります。このような環境構成の視点を踏まえることによって、豊かな学びが生まれるのです。

※高山静子『学びを支える保育環境づくり－幼稚園・保育園・認定こども園の環境構成－』小学館　2017年

事例　筒に水を入れてあそぶ3歳児

　これは、ある幼稚園の3歳児の、筒に砂と水を入れてあそんだ事例です。この子は、前に2本の小さな筒を立て、その1本に何度も水を入れていました。後ろのたらいから何度も水を運ぶことに、しばらく夢中になっていました。どうも、筒の中に水を入れてためていくことがおもしろいようです。手には小さな水をすくうスプーンを持っていますが、さまざまな種類のスプーンやおたまが用意されているので、スプーンやおたまを替えて、試しているようです。

　担任の先生がやってくると表情が笑顔に変わりました。もう1本の筒は、先生の物だったようです。おそらく、先生と始めたあそびなのでしょう。その後、水がたまった筒を上にあげると、水で圧迫されて筒の中が真空状態になっていたのか、気持ちよくスポッと筒が抜けるのです。彼の大発見です。「すごい！」と先生が喜ぶとさらに笑顔になります。通りすがりのほかの子どもも「おもしろいね」と言って、一緒にやり始める子も出てきました。しばらく、このあそびは続いたのです。

豊かな環境構成があることで、学びが起こる
―環境構成の重要性―

　この事例を先の8つの要素から説明してみましょう。まず、保育者との豊かな信頼関係があることで、このあそびが支えられています（①人）。そして、園庭には水や砂に存分にふれることができる自然環境があります（②自然）。さらに、スプーンやおたまなど道具や素材が選び取れるようになっています（③物）。そして、園庭ではもっとダイナミックに水を流す5歳児のあそびが刺激となる情報環境があります（④情報）。この場は3歳児がじっくり取り組めるような、少し園庭の中でも隔てられた場で起こっています（⑤空間）。自分がやりたいあそびを、この後もじっくり行える時間が保障されていました（⑥時間）。たらいから水を繰り返し運ぶことができる動線が確保されています（⑦動線）。外あそびの時間が保障されています（⑧温度・湿度・空気の質）。

　さらに、5歳児のダイナミックな水あそびとは別に、3歳児が一人でじっくり取り組める発達にあった環境があります（(1)子どもの発達に合った環境）。砂や水などの素材、たらいやスプーンなどの道具、5歳児のダイナミックなあそびが垣間見えるなど興味や関心を引き出す環境があります（(2)さまざまな興味・関心を引き出す環境）。そして、自分が選ぶあそびの時間と空間、自由に取り出せる環境が保障されています（(3)子どもが主体的に動ける環境）。このように、豊かなあそびと学びが生まれる背後には、豊かな環境構成があるのです。

環境を構成すれば
よいわけではない？

　本書では、環境構成の中でも、「動的な環境構成」に重きを置いて構成されています。それは、先ほどの話をくつがえすようですが、単に環境を構成すれば豊かな学びがあるとは言えないからです。つまり、雑誌に載っているような望ましいと言われる環境を、保育室に作ればよいということではないのです。

　豊かな環境構成を目指すための第1ステップとして、望ましいと言われる園の環境構成をまねてみるということは大事なことです。まずは、雑誌にあるような環境構成をまねしてみましょう。子どもの動きもずいぶん変わります。本書でもさまざまな園のノウハウを豊富に提供しています。ただ、実際にはまねしてみても、その園のように豊かなあそびや学びが展開しなかったという経験はないでしょうか。そうなのです。まねるだけでは十分ではないのです。実はそこには、大事な視点が抜けているのです。

「動的環境のデザイン」とは？
―環境の再構成―

　それが、保育者が子どもの興味・関心を把握して、環境を構成するという視点です。子どもが何に興味・関心をもっているのかを把握する視点が不可欠となります。目の前の子どもの興味・関心は何かと捉えることから、明日の保育の展開が生まれてきます。まずは、子どもの姿から興味・関心は何かを探り、そこから次のあそびの展開の可能性を探ります。最近では、次の展開を予想するには、webやデザインマップと呼ばれるツールが有効であると言われています。そして、その予想に基づいて環境を準備するのです。だから、一般的によいと言われる環境を作って終わりではなく、子どもの姿から環境を構成するのです。

　筒に水を入れる3歳児の事例でもそうです。保育者は、子どもが水を入れたり出したりするあそびに興味があると把握したから、そのあそびが豊かになるようなたらいやたくさんの種類のおたまやスプーンを用意したのです。つまり、環境構成とは子ども自身が、あるいは子どもとともに作っていくアクティブなものなのです。その環境構成は、前日に行うばかりでなく、保育の真っただ中でも行います。子どもの興味

序章　アクティブ・ラーニングを生み出す「動的環境」のデザイン

の方向性によっては、急きょ、別の環境を準備したりもするのです。だから、いつも同じような環境しか保育室にないとすれば、それは子どもの興味・関心に応じてアクティブに新たな環境が生み出されていないわけだから、豊かな学びが起こっていないことになるのかもしれません。

こうした視点を、環境の再構成と言います。子どものあそびが深まり、「深く学ぶ」とは、子どもが経験を再構成すること※であり、その学びのプロセスにおいては豊かな環境との対話があり、環境が再構成されているのです。そうしたアクティブな学びが生まれるために、保育者は子どもとともに環境を再構成していくことが不可欠なのです。そのような問題意識から、本書のテーマは「動的な環境のデザイン」としました。まさにアクティブ・ラーニング時代の、アクティブな環境デザインなのです。

※ジョン・デューイ『経験と教育』講談社　1957年

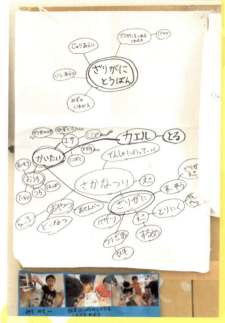

ウェブの例（せんかわみんなの家）

5領域や10の姿と環境構成

まずは、動的な環境構成を考える以前に、子どもが豊かな学びや経験ができる環境構成になっているかのチェックが必要です。ここでは、5領域、あるいは新しい教育要領や保育指針に示された「幼児期の終わりまでに育ってほしい10の姿」が使えます。ここでは、簡単に5領域の視点を使ってみましょう。以下の表を参考に、園の環境構成をチェックしてみてください。ただし、5領域はそれぞれ関連し合っているものです。そのため、「健康」＝運動的な活動＝運動環境、と直結するわけではありません。表は便宜上と捉えてください。

▼5領域	▼環境構成の具体例
① 健康	●思いきり体を動かしてあそべる環境 ●多様な動き（走る、登る、くぐる、など）が経験できる環境 ●衣食住などの生活の心地よさ、整理整頓や片づけしやすい環境 ●安全に配慮した環境
② 人間関係	●一人で自分のしたいあそびをじっくりできる環境 ●少人数の子どもであそび込める環境（ゾーン） ●友達と共通のテーマをもって、協力してあそべる環境 ●地域に出向くなど、多様な人や資源とかかわる環境
③ 環境	●身近な自然（植物や生き物など）と親しめる環境 ●物の性質や仕組みなど、科学的事象に興味や関心をもつような環境 ●あそびや生活の中で、数量や図形などに関心をもつような環境 ●季節による自然や文化に親しめるような環境
④ 言葉	●自分が感じたこと、考えたことを話すことが保障できる環境 ●クラスで話し合うことができるミーティングの環境 ●さまざまな絵本や物語に出会い、言葉のおもしろさを経験したり、表現できる環境 ●あそびや生活の中で、文字に対する関心がもてる環境
⑤ 表現	●五感を通して、心が動くような感動する経験をする環境 ●感じたことや考えたことを描いたり、作ったりすることができる環境 ●感じたことや考えたことを、音や動きで表現できる環境 ●感じたことや考えたことを日常的に表現できる環境

保育室の環境
―環境のコーナー化―

　続いて、保育室の環境について考えてみましょう。これまで述べてきたように、環境とは単に固定的に構成すればよいわけではありません。子どもとともに作り変えるある程度の柔軟さが必要です。しかし、保育室の基本的な構造をいつも変えていては、安定感がなくなります。自分の家の環境がいつも変わっていると落ち着かないのと同じです。また、ただ広いだけの空間でも、じっくりあそび込める空間にはなりません。

　そこで、ある程度、安定感のあるコーナーを作ることが必要になります。保育室内を仕切りや棚などで少し区切りをつけていくと、目的に応じてじっくり落ち着いて活動できる空間となります。そして、それぞれのコーナーをあそびの種類の違う場として区分けしていくと、とてもあそびが充実するのです。年齢によっても異なりますが、一般的には次のようなコーナーが挙げられます。

- アートスペース（描いたり、作ったりする場）
- ままごと・ごっこあそびスペース
- 絵本や図鑑スペース
- 構成あそびスペース（積み木・ブロック・パズルなど）
- 自然物スペース（飼育物・植物）
- 作業スペース（テーブル、テラスなど）
- 生活スペース（食事・睡眠の場、ロッカーなど）

　これらのスペースを一般的に「コーナー」と言いますが、「コーナー保育」という言葉があるように、それぞれのコーナーが独立した活動を展開するようなイメージがあります（そのため、「ゾーン」（地帯）と呼ぶ場合もあります）。大切なことは、コーナーが独立した活動のスペースになるのではなく、それぞれのコーナーが行き来したり、交流したり、融合したりすることです。つまり、コーナーごとに活動を分けないことです。そうすることで、豊かな対話が生まれ、あそびが豊かに発展していくのです。

　まずは、このような子どもの主体的なあそびが保障されるようなコーナーを作ることが大切です。

視覚的な環境の再考
―子どもへの「見える化」―

　保育の環境を考えていく上で、視覚的な環境が重要になります。ここでは特に、壁面などの環境を考えてみましょう。よく話題になるのが、ピンク色のゾウやウサギの壁面です。よく考えてみれば、現実では見ることのない不思議なゾウやウサギです。保育者は多忙であると言われながら、こうした壁面環境作りに時間をかける傾向があります。さて、こうした壁面にはどのような意図があるのでしょうか。あるいは、子どもの学びや育ちにどのようなプラスの影響があるのでしょうか。この質問にあまり納得できる回答が得られたことはありません。どうも、あまり教育的な意図がなくやっていることが多いようです。

　その一方で、その時期に子どもが興味をもつような写真や記事を、壁面にはりだしている園があります。オリンピックの盛り上がっている時期には、新聞記事の写真がはられたりしており、子どもがオリンピックのあそびを保育の中で活発に再現し、オリンピックごっこが盛り上がっています。

　またある園の5歳児では、子ども同士で話し合われて書き出された内容がボードにはり出されています。自分たちがあそびの時間を通して、グループでどのように行事での発表を進めていくかの見通しが見えるようになっているので、自分たちで予定を決めて、主体的、協同的に活動を進めています。

　3歳未満児でも同様です。ある園の2歳児では、子どもが家で飼っている犬のことに興味をもったので、保育者がその写真をパウチしてウォールポケットに入れると犬ブームが起こったそうです。保育室の犬のぬいぐるみも大人気で、常にクラスで犬のことが話題になりはじめたのです。子どもが興味をもったこと

序章　アクティブ・ラーニングを生み出す「動的環境」のデザイン

を写真ではり出すのも、情報を共有する重要な環境構成です。あそびが活発になるためには、こうした視覚的な環境がとても有効なのです。こうした工夫が、環境の再構成＝動的環境のデザインを生み出し、対話や協同、探求的な学びにつながります。

（世田谷仁慈保幼園）

事例　雨雲は水でできているのはなぜ？

　雨雲が出た日の、ある5歳児の事例。一人の子が、「なんで、今日は雨雲が出たのに、雨が降らなかったの？　だって、雨雲って水でできているんだよね？　なんで、雨雲でも雨が降るときと降らないときがあるの？」と聞いてきました。担任は、昼食前の集まりのときに、みんなで話そうと提案しました。

　集まりの時間、その話題が出されると、さまざまな意見が出されました。担任はみんなの意見をボードに書いていきます。しかし、なかなかしっくりとする意見が出ません。担任はその日、簡単なドキュメンテーション（写真入りの記録）を作成し、保護者にも発信しました。すると翌日、2人の子が家から雲の図鑑を持ってきました。そのほか、お母さんやお父さんと話したり、インターネットで見たという子もいたりしました。ドキュメンテーションの発信で、家庭でも話題になったのです。

　雲にはさまざまな種類があることを知った子どもたちは、盛り上がりだしました。そこで、クラスのデジタルカメラで、毎日、雲の写真を撮ろうということになったのです。その写真を壁面にはりだします。そこに、子どもがコメントを自由に書きます。そうしたことが1か月くらい続きました。その中で、雲の種類を調べることをおもしろがり、自作の雲の図鑑作りをする子ども（科学的な関心）や、紙芝居風の雲の上のお話作りをする子ども（物語の創造）などが出てきたのです。

動的環境のデザインへ

　この雲の事例からわかるように、一人の子どもの声を保育者が拾い上げることにより、それが家庭の話題となると同時に、クラスの共通の関心事となりました。さらに、写真を撮ってはりだすことで、雲の図鑑作りやお話作りへと発展していくことによる学びが生まれたのです。これが、環境の再構成であり、動的環境のデザインです。

　この活動が豊かになっていく上で、あそび後のクラスの集まりの時間（クラスミーティング）や、ドキュメンテーションがとても効果的に機能しています。どちらも、子どもが情報を共有し、豊かな対話が生まれる役割をなしているのです。

　子どものあそびが主体的で、豊かな人やモノとの対話が起こり、気づきや工夫、試行錯誤、探求、創造が起こる学びになるためには、子どもの興味・関心にもとづいて環境を構成するとともに、再構成していく工夫が大切なのです。本書では、たくさんの事例を通して考えていきたいと思います。

第1部 基礎編 第1章
0〜2歳児の環境デザイン

- 12 　落ち着いて過ごせる場
- 14 　ごっこあそびの場
- 18 　構成あそびの場
- 20 　絵本の場
- 24 　室内で体を動かしてあそぶ場
- 26 　感性を豊かにする場
- 30 　製作の場
- 32 　保育室内を飾る
- 34 　砂と泥の場
- 36 　心と体を動かす外あそびの場
- 40 　自然にふれる場

0〜2歳児の環境は、
ともすれば養護の側面からだけ考えがちですが、
子どもの思いをくみ取り、興味・関心を大切にした環境デザインをすることが、
3〜5歳児の深い学びにつながっていきます。
3法令でいわれている「育ってほしい10の姿」は0歳児から内在しています。
それをどう守り育んでいくかが問われています。

落ち着いて過ごせる場

布の天蓋を設けて天井を低くしたり、鉢植えを飾って温かみを出すことで、家庭的な雰囲気に。
（仁慈保幼園　0歳児）

座って、自分のペースで着替えのできる場所。
（陽だまりの丘保育園　1歳児）

少人数でほっとくつろげるスペース。
（仁慈保幼園　0歳児）

マメ先生のチェックポイント

温かく落ち着いた環境を

園は、0歳から長時間過ごす場です。できる限り、家庭的な温かい雰囲気を作ります。いちばんの環境は保育者です。応答的で温かいかかわりが重要ですが、そのためにも落ち着いた空間作りが求められます。まず、少人数で過ごせる空間は不可欠です。一人でいられる空間も作りたいものです。必要以上の掲示物はいりませんが、天井にも目を配りたいですね。また、人気の玩具や道具は、子どもがそこであそぶ人数程度の数をそろえましょう。

落ち着いた家庭的な環境で、情緒的に安心・安定して過ごせることが発達の基盤になります。自分の好きなことをしてあそび込むためには、まず、愛着関係のある大人と、安心して過ごせる環境が必要になってきます。

また、集団で生活する中では、一人で過ごしてほっとできる場所や、自分の居場所のような所があると、気持ちが安定して、次のあそびに向かう気持ちが高められたりもします。

隠れ家スペースの上には、保護者向けに説明も。

引き出しをいくつか抜いて作った隠れ家スペース。
（RISSHO KID'S きらり　0歳児）

環境を動かす

まだ、睡眠時間の長い間は、安らげるスペースを広くとっている。
（RISSHO KID'S きらり　0歳児）

子どもが活発になってくる時期には、安らげるスペースを縮小し、スペースの中間に絵本棚も置き、右側を絵本の場に。

ごっこあそびの場

実際にままごとをしてあそぶ姿の写真を掲示することで、イメージを共有。

壁に実際の料理の写真をはることで、具体的なイメージがもてる。
また、自分たちで元の場所に戻せるよう、食器や食材を置く場所を、写真で表示。

ままごとコーナー。(世田谷仁慈保幼園　1歳児)

保育者も入って一緒にあそぶことで保育が深まるときは、ままごとの場を広くとって。(仁慈保幼園　2歳児)

人形の洋服の洗濯干し場。(陽だまりの丘保育園　2歳児)

テーブルの上にはメニューを置いて、レストランふう。(陽だまりの丘保育園　2歳児)

テーブル近くの棚にも、種類別に食材の写真がメニューふうに置いてある。(陽だまりの丘保育園　2歳児)

乳児期の子どもたちは、家庭や町で見た物を再現するなど、自分のイメージを具現化するのが大好きです。じっくりあそび込むには、子どもたちがイメージを共有することが大事。それには、同じことをみんなで体験したり、イメージしやすい小物を用意したりすると、あそびが深まっていきます。

それぞれの子が作った衣装も、すぐにままごとに使えるように。（RISSHO KID'S きらり　1歳児）

ままごとコーナー。テーブルには、食材を食べ物に見立て、皿に盛った見本の写真が。（多摩川保育園　1歳児）

ままごとコーナーの横の棚には、赤ちゃんのベッドやお世話用品、お母さん用のヘアメイクセットも。棚の下には、いろいろなヘアメイクの写真も。（多摩川保育園　1歳児）

段ボールで作った救急車の中にも、見学に行って撮らせてもらった救急車内部の写真をはっている。（RISSHO KID'S きらり　1歳児）

乗り物が大好きな子どもたちのために、救急車やユニホームを製作。壁には、実際に消防署の見学に行ったときの写真が。（RISSHO KID'S きらり　1歳児）

ごっこあそびの場 ▲▲▲

保育室内にあるロフトの中は、救急車に見立てている。
（RISSHO KID'S きらり　2歳児）

子どもたち手作りの運転席。

救急隊員のユニホーム置き場。
（RISSHO KID'S きらり　2歳児）

ロフトの窓から、炎が見える工夫。

子どもたちがラーメン屋さんに興味をもったことから、みんなで近所のラーメン屋さんを訪問。お話を聞いたり、実際にラーメンを食べたことで、さらにごっこあそびが盛り上がった。

見立てられる素材や、食器の入った棚。
（仁慈保幼園　1歳児）

マメ先生のチェックポイント

なりきってあそべるモノや場を

　ごっこあそびコーナーに重要なことは、なりきってあそべるモノや場が用意されることです。具体的には、衣食住など、家庭生活をまねできる環境が必要になります。①食事にかかわる道具（キッチン、皿など）。②家族の人になれる環境（人形、衣装など）。③生活の場面を多様に見立てられる素材や道具（布、チェーンリングなど）などがあります。ままごと以外のごっこあそびの場合、少し場を替えたほうがよいこともあるでしょう。

ままごとの食材いろいろ

採取した自然の木の実をままごとに利用。
（しぜんの国保育園）

白い毛糸で編んだ物にスポンジを入れて、ご飯に見立てる。（しぜんの国保育園）

フランネルで作った直径10cmほどの白い座布団が、ご飯になったり、ケーキの土台になったり。（ひだまり保育園）

散らばらず、形を作りやすい特殊な砂でも、ままごとの材料になる。（しぜんの国保育園）

環境を動かす

赤ちゃんのお世話あそびのスペース。
（RISSHO KID'S きらり　2歳児）

ままごとの中で、赤ちゃんのお世話あそびをする子が増えたので、スペースを合体。

構成あそびの場

0～2歳児では、保育者が一緒に入ってあそぶことも多いので、ある程度のスペースを確保。棚やじゅうたんを利用して、場を区切る。(仁慈保幼園　1歳児)

壁に取り付けたラップのしんに、ボールを入れ、ボールが落ちて、下にある洗面器に入るのを楽しむ。(ひだまり保育園　0歳児)

プラスチックのケースに、穴を開けたぽっとん落とし各種。

棚には、詰め込み過ぎないで、取り出しやすく、自分たちで片づけやすい工夫を。物の置き場所を写真で表示。(陽だまりの丘保育園1歳児)

保育室の片隅の落ち着いた空間にある積み木のコーナー。壁には、積み木の積み上げ方や、子どもたちのあそんでいるところ、高い建築物などの写真が。(ひだまり保育園2歳児)

構成あそびの場は、落ち着いてじっくりあそび込めることが大切。ほかのあそびをしている子に邪魔されない保育室の一角を使ったり、じゅうたんなどの敷物で場所を区切ったりと、落ち着いてあそべる空間をデザインしましょう。また、使いやすい道具の置き方なども大事なポイントです。興味をもった子が集まってくる時期にはスペースを広くする、少人数でじっくりあそび込みたい子がいるときはスペースを狭くするなど、調節しましょう。

パズルは散らばらないように、中身が見えるプラスチックのボックスに入れて。(世田谷仁慈保幼園１歳児)

構成あそびの道具棚の前の床には、子どもたちがその道具を使ってあそんでいる様子の写真。あそんでみたい気持ちを刺激する。(多摩川保育園１歳児)

積み木を色別に収納。(多摩川保育園１歳児)

ブロックの作品には、顔写真に輪ゴムをつけて、留められるように。(RISSHO KID'S きらり　２歳児)

マメ先生の**チェックポイント**

手や頭の動きを促す環境を

　構成あそびの場は、手や頭をたくさん使ってあそぶ場となります。積み木などは、重ねたり、並べたりしてあそぶ玩具です。パズルなどははめ合わせることを楽しみます。そのほか、特に３歳未満児では、感触を楽しんだり、つまんだり、通したり、音を聞いたり、出し入れしたり、付けたり外したりするなど、多様な手や頭の動きを促すことが大切です。そのため、手作りおもちゃも含め、豊かな手の動き、頭の動きを促すような環境を用意しましょう。

絵本の場

家庭的な雰囲気の中で、本を読むだけでなく、くつろげるスペース。(仁慈保幼園　0歳児)

床には、子どもたちがお気に入りの、いろいろな小物が描かれた絵本のページ。床にはられたページの所に子どもたちが集まって、自分の好きな小物が見つかると「あった！」と大喜び。(陽だまりの丘保育園　1歳児)

絵本を介してふれあいや対話がはじまる。(RISSHO KID'S きらり　0歳児)

落ち着いた明るい雰囲気の中で、本に親しめる環境が作れるといいですね。保育者と少人数で寄り添って、または気の合う子同士が数人で、リラックスして過ごせることが大事。まだ、字の読めない0～2歳児では、表紙の絵が見えるように並べるといいでしょう。

絵本棚の上には、保育者が手作りした写真絵本。子どもの興味・関心に合わせて作っていく。

クラスの子の顔写真や、保育室の中の場所など、子どもたちが親しみやすい人や場所を写真に撮ってファイルし、1冊の写真絵本に。

保育室の片隅にある絵本コーナー。(仁慈保幼園1歳児)

絵本の中には、子どもたちが好きな乗り物や給食の写真で手作りした絵本も。

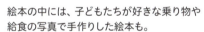

給食の写真絵本。

壁には、子どもたちが絵本を読んでいるときの写真。

友達と同じ絵本が見たくなる0歳児の絵本スペースには、同じ本を数冊ずつ用意。(世田谷仁慈保幼園　0歳児)

絵本の場 ▲▲▲▲

家庭的な絵本スペース。
(多摩川保育園 0歳児)

壁には、子どもたちのお気に入りのイラストや、絵本のページをはって。

1冊ずつ、手に取りやすいよう、美しく配列。
(陽だまりの丘保育園 1歳児)

棚には、子どもたちの関心を引くように、開いた絵本を置いておくことも。
(多摩川保育園 1歳児)

くつろげる絵本スペース。壁には、子どもたちに人気の働く自動車のイラスト。
(陽だまりの丘保育園 0歳児)

マメ先生のチェックポイント

絵本を介して
コミュニケーションを

　0歳児からの絵本を介したコミュニケーションが大切です。子どもがその時期に応じて、ブームになっている好きなテーマ（たとえば、動物など）の絵本が手にできる環境を用意したいですね。そうすると、あそびの中でも絵本が生かされます。また、1歳児くらいから同じ絵本を読みたいことが増えますから、同じ絵本を複数用意しておくことがあってもいいですね。じっくり絵本が読める場にするため、動線にも配慮しましょう。

冬は暖かく、夏は涼しい畳を敷いた絵本スペース。畳はフローリングに比べて音や振動も吸収する。（せんかわみんなの家　1歳児）

環境を動かす

天蓋を低くし、少人数で静かに楽しめるようにした6月ごろの絵本スペース。（RISSHO KID'S きらり　0歳児）

11月ごろ。絵本を読むと、子どもたちが集まってくるようになったので、ソファと本棚を移動して広くスペースをとった。

室内で体を動かしてあそぶ場

線路は、棚の位置を利用してカーブしながら、保育室の奥まで続く。（RISSHO KID'S きらり　0歳児）

牛乳パックで作った椅子を電車に見立てて。

今日は「この電車に乗りたい！」と思えるよう、段ボール箱で作った電車を用意し、車庫に見立てた棚に収納。

つかまり立ちをしたり、中に入ってあそんだりできる。色とりどりの風船をつけることで、子どもたちの「触りたい！」という気持ちがアップして、運動量が増える。また、風船の感触を味わえ、見た目の楽しさも。（世田谷仁慈保幼園　0歳児）

マメ先生の**チェックポイント**

室内でも
体を動かせるように

　室内で体を動かせる環境が不可欠です。特に0歳児では、はいはいからつかまり立ちへと促す環境が求められます。さらに、安全に配慮しながら、くぐったり、登ったり、降りたり、転がったり、動き回ったりなど、多様な動きがたくさんできるような工夫が大切です。段ボールの乗り物もいいですね。長い時間を園で過ごすことを考えると、室内にも動きの空間が求められます。難しい場合は、外での活動をかなり充実させましょう。

外に出ないときも、体を動かしたい！　歩き始めの0歳児には、その程度によって、室内にもさまざまな体を動かしてあそべるスペースが必要になってきます。

つかまり立ちや、よちよち歩きの子があそべるスペース。棚には、玩具のほか、子どもが触って楽しめるアップリケなどをつけたキルト地も。（陽だまりの丘保育園0歳児）

子どもたちが自由に動き回れるスペース。（せんかわみんなの家）

手作りの果物。ビニールプールを果物置き場に利用。1段目だけ空気を入れて、出し入れしやすいようにした。果物が大きめなので、出し入れだけでも体を使う。保育者が「イチゴ！」と言うと、イチゴを探して持ってくるなど、簡単なゲームも楽しんでいる。

環境を動かす

まだ、はいはいやよちよち歩きの子どもが多い時期には、段差やトンネルを楽しめる環境に。（RISSHO KID'S きらり　0歳児）

トンネル内も、わざとでこぼこを作って、動きを楽しめるようにしている。また、暗がりを怖がる子もいるので、明り取りの窓をつけた。

歩くことを楽しめるようになった頃には、小型の滑り台を置いた。

感性を豊かにする場

ガラス越しに差し込む陽の光でできる影に興味をもった子どもたちのために、カラータックをはった。太陽の高さで影の長さが変わったり、ゆらゆら揺らいだりする様子に子どもたちの心も動く。(ひだまり保育園　2歳児)

天井から下げられたミラーボールと、色水の入った袋。陽の光を反射して、色とりどりの影を落とす。(多摩川保育園　0歳児)

棚の中には色とりどりの風船が。風船の中には大小さまざまな鈴が入っていて、振るとそれぞれ違う音がする。視覚だけでなく、聴覚にも訴える玩具の工夫。(RISSHO KID'S きらり　0歳児)

保育室に設けられた本物の楽器にふれられるコーナー。子どもたちは楽器による音の違いに気づき、音への興味が広がっていく。(RISSHO KID'S きらり　0歳児)

五感を働かせて得た体験は、豊かな感性を育みます。五感を働かせる環境というと、すぐに戸外で自然にふれることが思い浮かびますが、室内でもいろいろな体験ができます。体験を通して得られる感性との出会いを大切にしてみましょう。

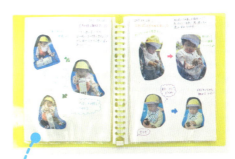

同じ棚には、お散歩に出て自然物に出会ったときの子どもの様子が写真と文章で記されたファイルも置いてある。保護者が子供の様子をするだけでなく、子どもたちもそのときのイメージを共有できる。

園庭がないRISSHO KID'S きらりでは、お散歩のとき以外でも身近に季節を感じられる自然物を瓶に入れて置いているので、子どもたちはいつでも自然を身近に感じられる。（RISSHO KID'S きらり　1歳児）

自然物の棚の下には、色とりどりの粉やプラスチックなど、材質の違う物が入った透明な袋が置いてあり、感触を味わうことができる。（RISSHO KID'S きらり　0歳児）

袋の中には、豆や綿、コンクリートなどさまざまな見た目や触感の物が入っていて、子どもたちは感触を楽しむことができる。（世田谷仁慈保幼園　0歳児）

マメ先生のチェックポイント

子どもの感性に働きかける

赤ちゃんの頃から、子どもは不思議なことに興味をもちます。そのため、子どもの感性（五感）に働きけるような環境の提供が大切です。まず、光や影、色などの環境の工夫をしたいものです。また、例にあるように自然物を外から持ち込むことにより、ふれて感じる経験が深まり、より関心が高まるでしょう。さらに、音環境も重要です。保育者の大きな声や、過剰なBGMを避けましょう。外の自然の音や光、空気にふれるよう配慮したいものです。

感性を豊かにする場 ▲▲▲▲▲▲

手触りの違いを感じる場。触り心地の違いを楽しめる。(世田谷仁慈保幼園　0歳児)

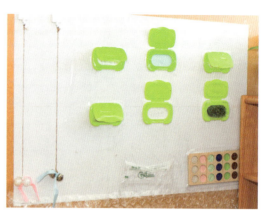

おしりふきのパックについている取り出し口を利用して。蓋を開けた中には、人工芝や、肌触りの違う布など。蓋を開ける楽しみとともに、触り心地の違う物が出てくる楽しみもある。(多摩川保育園　0歳児)

シナモンやバニラビーンズ、コーヒー豆、ミカンの皮など、においのする物を瓶に入れて。(世田谷仁慈保幼園　2歳児)

においのする物を置いた棚の近くには、実際に嗅いでみたときの子どもたちの様子を写真に撮って掲示。友達の姿を見ることで、自分も嗅いでみようと、触発される。

室内でもビニールシートを敷いて、絵の具とのりを混ぜた物で感触あそび。(ちいさなたね保育園　0～2歳児)

壁にはった模造紙に、絵の具を手で塗りたくるあそび。

ビニール袋の中に、水と葉っぱやボタン、油性の染料などを入れて、踏んで感触を味わえる工夫。（多摩川保育園　0歳児）

ビニール袋の中に、保冷剤の中身を入れて。ひんやり、グニャグニャの足触りを楽しむ。（世田谷仁慈保幼園　0歳児）

環境を動かす

はったりはがしたりできる玩具の製作

0歳児にも感触を知ってもらおうと、ベランダで、キュウリやトマトの栽培をし、子どもたちと一緒に収穫。（多摩川保育園　0歳児）

収穫しただけだと、いつも口に入れている野菜だとわかりづらいので、その場で切って生で食べる経験も。

床にはったシールなどをはがすのが大好きな0歳児。そこで、0歳児が興味をもった夏野菜をフェルトで作り、裏に面ファースナーを縫い付け、はったりはがしたりできる玩具を製作。横の壁には、トマトやキュウリの写真もはった。

金魚は、どこだ？

絵本の金魚に興味をもった子どもたち。（多摩川保育園　0歳児）

さりげなく、保育室のいろいろな所に金魚のイラストをはっておいた。金魚を探すのが、一つのあそびになった。

製作の場

落ち着いた空間で、みんなで作ったり描いたりすることを楽しむ。紙やビニールなどの製作物は頭上に飾って、楽しい雰囲気に。（仁慈保幼園　2歳児）

ランチルーム兼製作のスペース。100円ショップのワイヤーネットとフックを使って、子どもたちの作品を掲示。（RISSHO KID'S きらり　1歳児）

のりやセロハンテープを使うことが楽しくなってきた子どもたちのために、製作の道具置き場を設置。（RISSHO KID'S きらり　2歳児）

葉っぱなどの自然物を使っての造形に興味をもった子どもたち。落ち着いて製作できるように、壁に面してテーブルと椅子を配置。壁には、見本となるような製作物を掲示。（多摩川保育園　2歳児）

1〜2歳児でも、「作りたい！」「表現したい！」と思ったときに、すぐに取り組める製作の場があるといいですね。また、自分の作品を飾ってもらうことで喜びを感じたり、ほかの子の作品を見たりすることは、とてもうれしく、新たな創作意欲が沸き起こります。

粘土の作品には、誰が作ったか一目でわかるように、顔写真を添付。（仁慈保幼園　1歳児）

保育室の中の階段を利用して、作品を展示。
（RISSHO KID'S きらり　1歳児）

子どもたちの作品をまとめて、オブジェのように飾る。
（RISSHO KID'S きらり　1歳児）

マメ先生のチェックポイント

自分から「やりたい！」気持ちを大切に

乳幼児期は、感じたことを表現することが大切です。とはいっても、あまり絵を描かせたり、工作をさせたりしようなんて思わないほうがよいのです。最初は興味のあるモノの感触を楽しんだりするだけでいいのです。そのうち、自分から色にふれてみたり、何かを並べてみたり、はり付けてみたりするようになります。そのプロセスが大切です。1歳児の絵の具を額縁に入れた作品がありますが、保育者が飾ることで、それがアートになるのです。

小箱を利用して、それぞれの子ども用の作品展示の場を作った。作品の上下には、製作途中の子どもの様子を写真で掲示。（世田谷仁慈保幼園　1歳児）

額縁に入れて飾ることで、子どもの作品もアートに。
（仁慈保幼園　1歳児）

保育室内を飾る

保育室内の一角に自然物を置くことで、季節が感じられる。
（多摩川保育園　1歳児）

どの子が拾った物かを顔写真で表示しながらも、写真立てや小さな籠、木の実の付いた枝などを配置してセンスよく。（世田谷仁慈保幼園　2歳児）

子どもたちの普段の様子をスナップ写真で掲示。かわいい洗濯ばさみでつるしたり、季節の物を一緒に飾ったりすることで、素敵な空間に。（世田谷仁慈保幼園　2歳児）

子どもたちが園庭で拾ってきた物も、ちょっとした置き方の工夫で、宝物に見える。（世田谷仁慈保幼園　0歳児）

棚の上の植物が、目に優しい。これらの植物は、ハーブなので、子どもたちは香りも楽しんでいる。（多摩川保育園　0歳児）

窓辺には、観葉植物やかわいい小物を置いて、家庭的な雰囲気を演出。
（仁慈保幼園　0歳児）

季節が感じられたり、家庭的な雰囲気で落ち着いて過ごせたりする環境作りも重要なポイントです。そして、経験の少ない子どもたちが家庭以外で長時間過ごす場所ですから、審美的な観点からも環境をデザインしていく必要があります。美しい物にふだんから接することで感性が養われていきます。

膨らませた風船に毛糸を巻き、のりで固めてから中の風船を取り除いて作ったオブジェ。優しく温かい雰囲気を醸し出している。（世田谷仁慈保幼園　0歳児）

毛糸で作ったオブジェと、段ボール紙をヒツジの形に切り抜き、毛糸を巻き付けたモビール。（RISSHO KID'S きらり　0歳児）

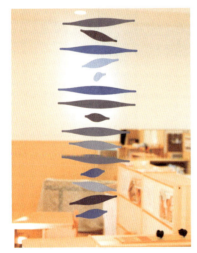

同系色の色画用紙で、作った上品な色彩のモビール。（世田谷仁慈保幼園　0歳児）

オーガンジーの天蓋に枯葉を入れて。（多摩川保育園　0歳児）

マメ先生のチェックポイント

保育者のセンスが問われる時代

今まで、保育室を飾ると言えば、ウサギちゃんなどの壁面構成が定番でした。しかし、それは、子どもの感性を育てる環境として豊かでしょうか。そうした壁面環境ばかりなのは、あまりふさわしくありません。そうであれば、子どもも保育者も、美しいと感じ、落ち着く環境を考えたいものです。さらには、そこから子どもの好奇心が広がっていく装飾もいいですね。これからは、保育者のセンスが問われる時代です。

砂と泥の場

さらさらとした砂の感触、水を混ぜた泥の手触りは、子どもたちにとって、とても魅力的。園庭で、園外で、いろいろな場所で砂や泥にふれる機会を持ちましょう。

木の枝を短く切って用意しておくことで、ろうそくに見立てたケーキ作りが始まった。(ひじりにじいろ保育園　2歳児)

屋上に、木の板で囲った0〜2歳児専用の砂場を設置。0〜2歳児専用なので、安全にゆったりと砂あそびができる。(ひじりにじいろ保育園　2歳児)

ふちを広くとった砂場。ふちを広くとったことで、テーブルやベンチに見立てて、自然とままごとが始まる。(せんかわみんなの家　2歳児)

大きな鍋に入った泥の感触を味わう。(ひだまり保育園　0歳児)

園庭に水をまき、泥場にして。水と泥の感触を全身で感じる。(ひだまり保育園　1歳児)

マメ先生のチェックポイント

自分から「やりたい！」気持ちを大切に

砂や泥にふれてあそぶことは、現代の家庭や地域ではほとんどなくなりつつあります。そうであれば、汚れなどに過剰に神経質になりがちな現代において、砂や泥の感触を楽しめる場があることはとても重要なことです。未満児の場合、あまり大きくない、少し落ち着いた砂場空間があるといいですね。子どもの興味に応じて、カップやスコップ、お玉など水や砂を入れたり出したりする道具も役に立ちます。

砂や泥とふれあう楽しさ

出原 大
（松山東雲女子大学准教授）

　0～2歳児は、砂のさらさらする感触を味わったり、砂をある程度の高さから落としてぱらぱらと落ちる様子を見たりなどを、楽しむことから始めると馴染みやすいでしょう。
　徐々に（発達とともに）あそびの素材として、水や草花・木の枝などを加えていくと、五感を使う「つぶしたり」「つまんだり」「ちぎったり」「並べたり」「匂いを感じたり」「突き刺したり」などの体験を通して、あそびが広がっていきます。

年齢に合わせた素材

- 0歳→ 水、柔らかい葉っぱ、花など
- 1歳→ 水、葉っぱ、花、柔らかく、短い枝など
- 2歳→ 水、葉っぱ、花、木の実、枝など

※ 0歳児は、砂などもすぐに口にしてしまうことがあるので、衛生面に配慮が必要。
※ 植物によっては、棘がある、かぶれるなどの危険もあるので、事前によく確かめて。

山を作ったよ（1歳児女児）

　1歳児たちが砂場の真ん中に砂を集めています。女の子がその山に短く切った木の枝をたくさん突き刺していました。
　保育者が「わあ、Aちゃん！ 木がいっぱい立ってるね」と、声をかけると、Aちゃんは笑顔で、「先生　これ山！」と、教えてくれました。
　「山を作ってたの!?　すごいね！」保育者はAちゃんが木の生えている山をイメージしていたことにびっくり。
　Aちゃんは、木の枝を突き刺した山に、パラパラと砂をかけて「ジャージャー！」と言い出しました。「なになに？」と保育者が聞くと、Aちゃんは「ジャージャー！」と、笑顔で砂をかけ続けます。保育者がふと気がついて、「あっ！雨かな!?」と言うと、Aちゃんは「雨がジャージャー！」と喜んで砂を山にかけていいました。
　子どもとの対話が、子どものイメージを膨らませ、さらには、言葉も豊かにしていきます。

みんなで、山作り。

いっぱい、木が生えたよ！

砂の感触を味わうだけでなく、だんだんに葉っぱなどを使ってのままごとに発展。

ポイント・配慮

- 保育者は、子どもたちのイメージの広がりなど、心を捉えて援助することが大切。
- 四季折々の花や葉っぱ、木の実、木の枝などを、子どもたちがすぐに手にすることができるように、砂場の近くに置いておくとあそびが広がる。

どんどん放り込んじゃえ！（1歳児女児）

　園庭であそんでいるとき、保育者がいきなり地面をスコップで掘り出しました。その様子を興味深そうに見ている数名の子どもたち。保育者が、掘った穴にじょうろで水を入れ、「わあ、池ができた！」と言うと、一人の男の子がその池に穴を掘ったときに出た土の固まりを放り込みました。「バシャーン！」と、水しぶきが飛び散って、保育者が「キャー！」と笑いながら悲鳴を上げました。これを見ていたほかの子たちも、次々に土のかたまりを池に放り込み、みんなで「キャー！　キャー！」と大盛り上がり。子どもたちは、どろどろになった土を何度も放り込んでは、拾い上げを繰り返しました。ついには、地面に座り込んで、子どもたちは、泥の感触を楽しんでいました。

五感で泥を味わう。

ポイント・配慮

- 子どもたちが主体的にかかわりたくなる保育者の援助・仕掛けと環境が用意されていることが大事。
- 特に0～2歳児は、見て、聞いて、さわって、嗅いで、口にして、五感で自然を知ろうとする。衛生面には十分配慮して。

心と体を動かす外あそびの場

園庭に土管を設置し、土を盛り、築山を作った。（多摩川保育園）

築山の斜面を、お尻で滑り降りる０歳児。

慣れてくると、斜面の上り下りも楽しく。

やっと頂上に登れた！

土管のトンネルは、０歳児にとって、不思議な空間。

築山の斜面に生えている草、落ちている枯葉にも、興味津々。探索活動が広がっていく。

年上の子どもたちがままごとに使うやかんを開けてみる０歳児。自由に探索できる安全な場所であることが大切。（ひだまり保育園）

洗面器を並べて、たたいてみる０歳児。（ひだまり保育園）

身体能力が著しく発達する０〜２歳児にとって、安全な場所で安心して全身を動かす楽しさを知ったり、探索活動をしたりする外あそびの場は、とても大切です。外あそびでは、室内だけでは得られない暑さや寒さなど、さまざまな感覚も養われていきます。
　また、室内以上にモノとの出会いや対話もあり、豊かな感性が育まれていきます。

２歳児になると、築山を駆け下りることもできるようになる。（ひじりにじいろ保育園）

園庭の木の支柱をくぐってあそぶ２歳児。（ひだまり保育園）

保育者に支えられて、園庭の木にぶら下がってみる１歳児。（ひだまり保育園）

２歳児になると、自分で木にぶら下がっていられるように。（ひだまり保育園）

公園の斜面で、つるを使って斜面を上る２歳児。（ひじりにじいろ保育園）

園庭に横たわる気の上を歩く２歳児。既製の平均台などよりも表面がでこぼこしていて、バランス感覚も養われる。（ひだまり保育園）

心と体を動かす外あそびの場 ▲▲▲▲▲▲▲▲▲▲

全身を使って、窓ガラスに泡を塗る。
（ちいさなたね保育園）

マメ先生の**チェックポイント**

意欲を損なわない環境

子どもは、外の日光や空気にふれることが大切です。現代は環境問題などの難しさもありますが、できるだけ保障したいものです。安全に配慮しながらも、未満児なりに、走ったり、登ったり、降りたり、くぐったり、ぶら下がったりするなど、多様な動きが保障できる環境を用意しましょう。あまり禁止事項が多くなってしまうと、子どもの運動能力だけでなく、意欲などの心も育ちません。園庭あそびの場の工夫が大切です。

園庭に作ったビオトープ。水遊びの好きな子どもたちには、格好のあそび場。（多摩川保育園）

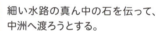

細い水路の真ん中の石を伝って、中洲へ渡ろうとする。

水が出るのがおもしろく、何度も水の勢いにシャベルが押されるのを楽しんでいる。

幅の広い水路にかかる丸太橋。歩いて渡るのはまだ難しいが、どうしても渡りたい。

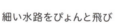

細い水路をぴょんと飛び越えるのも勇気がいる。

園外での あそび

出原 大
（松山東雲女子大学准教授）

一般に「運動あそび」というと、固定遊具や巧技台を使ったサーキットなどをイメージしがちですが、0～2歳児の場合は平坦な砂地や芝生、草地などをはったり、よちよち歩きを楽しんだりすることも運動です。

次第に起伏のある場所を、はって登ったり、転がったりなど発達に合わせて「おもしろい」と思えるような経験をすると、自然と体力がつき、徐々に子ども自身が挑戦しようとする姿も出てきます。

お散歩の道すがら、おもしろい物を見つけた。

自然の道を歩くと、地面の柔らかさ、道のでこぼこなど、いろいろな感覚を経験できる。

斜面あそび

近所の公園に行ったときの0歳児クラスの子どもたち。

「よいしょ、よいしょ！」と、保育者が斜面を上る子どもに声をかけると、それを見ていたほかの子どもたちも「やってみたい！」「何してるの？」というような表情で近づいてきて、一緒に斜面を上りだしました。

上まで上った子が、ゆっくりと斜面を下りだすと、「わあ！」と声が出るぐらいに勢いがついてしまいます。緊張しながらもちょっと楽しかったようで、笑みがこぼれます。保育者が「○○すごい！ すごい！ ビューンって、下りてきたね！」と笑顔で声をかけると、その子はにこにこしながら再び斜面を上っていきました。見ていた子どもたちもまねをして、この斜面の上り下りを何度も楽しんでいました。

自然環境が身近にない場合は、園庭や公園などで、このような経験ができる環境を探したり、整えたりするとよいでしょう。

芝生の上なら、少しくらい転んでも痛くない。

急な斜面は、お尻で滑って。

ちょっと緊張しながら、斜面を下りる子どもたち。

ポイント・配慮

自然環境は室内環境と違い、柔らかい場所、硬い場所があり、草が生えていたり、さらさらの砂地であったりと、多様な経験ができます。乳幼児期からこのような環境の中であそんでいると、小さい失敗（転んで、ひざをすりむくなど）を繰り返すことで、大きい失敗（受け身ができなくて骨折するなど）をしにくい子どもに育ちます。

発達に合っていない危険な場所かどうかは、子どもたちにはまだ判断できません。場所の選定・下見などでは、発達を考慮してしっかりと行っておきましょう。

自然にふれる場

園庭で虫探し。植木鉢の下には、ダンゴムシがいるかな？
（ひだまり保育園）

園庭で、オシロイバナの種を探す子どもたち。
（ひだまり保育園）

タイヤの穴に落ち葉を集める競争。（ひじりにじいろ保育園）

段ボールで、囲いを作り、落ち葉をためる。（ひだまり保育園）

マメ先生のチェックポイント

環境構成で、もっと豊かに

　園庭があれば、子どもが自然に豊かにふれられるわけではありません。保育者の工夫などによって、子どもがふれることのできる自然環境が豊かになります。たとえば、落ち葉も用務員さんがすべて掃除してしまったら、紹介したようなふれあいは起こりません。ある程度、雑草なども残しておかないと、虫も見つかりません。こうした環境を大事にすることが、未満児のあそびや学びを豊かにするのです。

小さな洗面器に落ち葉を集めて。（ひだまり保育園）

最近では、街中の自然が減り、自然にふれる機会が少なくなってきました。園庭や、お散歩で行く公園など、園生活だからこそ子どもがたくさんの自然にふれられるということもあるかもしれません。豊かな自然にふれることで、子どもたちの感性も豊かになっていきます。

樹木の向こうに、隠れたつもり。ちょっと隠れる場所ができるのも、樹木がある魅力。（ひだまり保育園）

園庭にあるジュズダマには、たくさん実がなっている。真剣な顔で実を集める。（ひだまり保育園）

お散歩に出て、どんぐりを拾うのも楽しみの一つ。（ひだまり保育園）

園庭にはった氷も、1歳児には不思議な現象。（ひだまり保育園）

雪が降った後の散歩には、発見がいっぱい。（ひだまり保育園）

自然にふれる場 ▲▲▲▲▲▲▲▲

自然とふれあう

出原 大
（松山東雲女子大学准教授）

　人は自然の一員です。五感が鋭敏な幼少期に、ちぎったり、においをかいだり、味わったりすることで、生きる力の源泉を育んでいきます。ぜひ、園庭などで子どもたちが、主体的に自然物にふれられる環境を備えましょう。

- 自由に草花が摘める・虫が生息する草地はありますか？
- 子どもたちが、穴を掘れるような場所はありますか？
- あそびに使える落ち葉を、全部捨ててしまっていませんか？
- 石ころであそんだりできる場所はありますか？
- いろいろな自然物・素材で、ごっこあそびができる空間はありますか？

ままごとに、葉っぱや花を使って。

事例 ちぎりっこ

お花もちぎれるかな？

葉っぱや花を使って、ままごと。

　園庭の隅っこに生えている草花を、保育者が摘んできてテーブルの上に置きました。興味をもったのか、1歳児クラスの二人の女の子がその葉っぱを手に取って笑っています。先生が「これであそぶ？」と聞きながら、一緒に葉っぱを触っていると、一人の子が保育者の持っている葉っぱを引っ張ると、草の引っ張りっこのようになりました。
　「わあ！！」。草の茎がちぎれて、その子はとても楽しかったようです。それを見ていたもう一人の子も一緒に、保育者の持っている草を引っ張りました。保育者が「二人ともすごい力だね！！」と言うと、二人は楽しそうにこれを数回繰り返しました。
　保育者が「手が草の色になった！」と手を見せると、二人も自分の手を見て、匂いを嗅ぎはじめました。「わあ、ほんとに草の匂い！」と保育者が言うと、その子たちも「草！　草！」と匂いを嗅ぎながら、葉っぱをちぎりはじめました。これを見ていたほかの子たちも葉っぱをちぎりだしたり、先生と一緒に草を探してちぎりにいったりと、あそびがどんどん展開していきました。

第1部 基礎編 第2章
3〜5歳児の環境デザイン

- 44　製作の場
- 54　ごっこあそびの場
- 60　知的な好奇心を育む場
- 66　構成あそび・ゲーム性のあるあそびの場
- 72　絵本の場
- 74　情報を可視化する場
- 78　水・砂・泥の場
- 82　自然とかかわる場

子どもの「やりたい！」という意欲に応え、
「どうして？」という疑問を探求できるのが、3〜5歳児の環境デザインです。
子どもの主体性を大事にした環境を考えていくと、
保育から思いもよらない発見や驚きが生まれます。
その発見や驚きを子どもと共有していくと、保育者にとっても環境デザインが、
ひいては保育そのものが楽しくなっていきます。

製作の場

紙は色別、大きさ別に収納。廃材も種類別に分けてあるので、ほしい物が一目でわかる。

はさみは、専用ポケットに収納。取り出しやすく、管理もしやすい。

木の枝や紙のロールなどは、おそろいのバケツに入れて。

牛乳パックや空き箱だけでなく、コルクや毛糸なども自由に使えるよう、十分な量を用意。

特に3〜5歳児が製作に使うアトリエ。いつでも集中して製作できる場が確保されている。（陽だまりの丘保育園）

色鉛筆などは、色別に。寝かせて置いておくことで、好きな色を選びやすい。

壁にある作り付けの棚には、既成の物、手作りの物などさまざまな製作物が美しく配置されている。飾られている製作物に、インスピレーションを受けることも。

子どもの思いや感動を表現するのに、製作の場は欠かせません。一度用意した環境でも、子どもの姿に沿って再構成することで、子どものインスピレーションも刺激されます。また、十分な量の素材や、子どもの「作りたい」をかなえる素材や道具を用意することも大切です。子どもの製作物の展示も、工夫してみましょう。

陽だまりの丘保育園では、アトリエのほか、各保育室にも製作コーナーを設置。子どもがいつでも「やりたい！」と思ったときに、製作に取りかかれる。絵を描きたい子が多いクラス、立体的な物を作りたい子が多いクラスなど、そのクラスの子どもたちによって、置いておく物は変化する。（陽だまりの丘保育園）

保育室は、製作の場や子どもの興味・関心を探求する場として使われている。絵本のコーナーや体を動かしてあそぶ場などは、保育室外にある。それぞれの年齢の保育室にいくつかの製作コーナーがあるので、年齢に関係なく好きなコーナーに行ってあそぶことも可能。（RISSHO KID'S きらり　5歳児）

すのこ状の板を使って、製作物を展示。

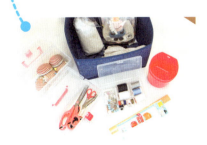

縫い物の道具は、デニムのボックスに入れて、管理。

マネキンに子どもたちが作った衣装を着せることで衣装が立体的に。着たときのイメージがつかみやすく、子どもたちの創作意欲もアップ。（RISSHO KID'S きらり　5歳児）

製作の場

環境を動かす

豊かなあそびの経験から造形表現へ

12月。イチョウの葉っぱが色づき、風に舞い散る日に、担任がイチョウの木の下で、自由に過ごすことを提案した。（かぐのみ幼稚園　4歳児）

作った剣に葉っぱを付ける子、花束を作る子など、子どもたちがイチョウを感じることで、さまざまな表現が生まれてきた。

セロハンテープや新聞紙など、製作に必要な物を、その場に持ち出して。さっそく、剣を作り、先端にイチョウの葉っぱを付ける子も。

中心に花を入れたイチョウの花束。

保育室に戻ってから、拾ってきたイチョウの葉っぱを使って、さまざまな造形表現が生まれてきた

イチョウの葉っぱに興味をもった子どもたちに、関連した絵本を読むことで、さらに盛り上がる。

素材を出す

4月当初は、木片やビーズなど、さまざまな素材を購入して種別ごとに分け、自由に使えるようにした。
（RISSHO KID'S きらり　5歳児）

子どもたちが海で拾った物を使って、造形をするようになってきた。子どもたちの要望に合わせてだんだんと自然素材に入れ替えた。

縫い物をする場

4月はじめ

一人一人が集中できるように、一方向を向いて作業ができるようにした。

5月初旬

だいぶ作業に慣れてきたので、友達のやり方やアイディアが見えるように、また、新しい素材を知ったり、教え合ったりできるように、テーブルを合わせて正方形のスペースを作った。

6月初旬

縫い物をする子どもが増えたため、安全性を考えて横に並んで作業できるようにした。

製作の場 ▲

染物がしたい子どもたちのためのコーナー。材料や製作物を1か所にまとめて。子どもたちの関心が深いことは、子ども用の図鑑や絵本でなくても、参考資料としてその場に置いておくと、インスパイアされる。(仁慈保幼園 3～5歳児)

キャンプで、ランプを灯したいという子どもたちのためのランプシェード製作コーナー。テーブルの前や横には、子どもたちが作ったランプシェードや、暗い中でランプを灯した写真、テントの中に明かりが灯っている写真などを掲示。(多摩川保育園 3～5歳児)

ライトテーブルを使っての製作の場。透過する光によって、砂や花なども特別な物に変化する。取ってはおけない製作なので、過去の作品は写真で記録して掲示する。(多摩川保育園 3～5歳児)

木材を挟んで固定する器具。子どもの「イメージを形にしたい!」と思う気持ちが強ければ、いろいろな道具も使いこなすように。(しぜんの国保育園)

グルーガンを使う場。危険が伴う道具を使う場合は、子どもたちの動線から外れた所で、静かに作業ができるようにする。(しぜんの国保育園)

芋掘りの共同画。(かぐのみ幼稚園)

保育室の中には、海の生物や、サメを製作する子どもたちの様子を掲示。

地引き網の経験からサメを中心にした海の生物に関心をもっていた子どもたち。みんなで行った山下清展に刺激を受けて作った巨大なサメは、天井から吊り下げて展示。（仁慈保幼園　3〜5歳児）

サメが好きな子どもたちが作ったおみこし。

「長い迷路が作りたい！」。大きな物を作るときは、ホールを利用するなどして、場所を確保。（かぐのみ幼稚園）

子どもの作品を椅子に並べたことで、街並みができた。あそびがさらに発展していく。（かぐのみ幼稚園　4歳児）

ふだんはアトリエとして使っている場。温泉が作りたい子どもたちのために、椅子や机をどかして場所を作った。（せんかわみんなの家　3〜5歳児）

保育室にも広い場所を開けて、思う存分大きなおうちが作れるように。（せんかわみんなの家　3〜5歳児）

子どもが興味をもったので作った楽器を製作する場。製作した楽器のほか、子どもたちや音楽家が実際に演奏する姿や、歌手のグループなどの写真も掲示。(RISSHO KID'S きらり　3歳児)

作った楽器で演奏できるような展示。壁には、いろいろな楽器の写真が。(東一の江幼稚園　3歳児)

ギターの横には、さらに音楽に興味が向くよう、楽器が出てくる絵本も。

子どもたちが作った本物そっくりのギター。ギターを置いている棚の下には、実際にギターを弾いている人たちの写真。(仁慈保幼園　3〜5歳児)

飼っているニワトリをそれぞれの思いで描く。一人一人の体験の違いが絵の違いに表れる。(かぐのみ幼稚園)

3〜4歳児にかけて、広告紙が細く固く作れるようになってきた物を作品にする時期。(かぐのみ幼稚園)

ホールいっぱいを使った製作物の展示。

壁面の大きなツリーは、近づいてみると、子どもたちの手形を背景に、子どもたちが自由に作ったさまざまなオーナメントがある。(かぐのみ幼稚園)

小さなツリーは、一人一人の子どもが500mlのペットボトルに好きな物を入れた集合体。

紙の形から自分たちで選ぶことで、作品の掲示もおもしろくなる。(かぐのみ幼稚園)

ホールの柱に巻き付けた子どもたちが「大きなつる」を書いた作品。(かぐのみ幼稚園)

製作の場

ガラス絵の具で描いた物や、セロファンで作ったステンドグラスは、窓ガラスにはって。(多摩川保育園　3〜5歳児)

子どもたちが作ったアクセサリーは、アクセサリーが映える黒い布を背景に展示。自分のアクセサリーを身に着けた様子は写真で掲示。(多摩川保育園　3〜5歳児)

押し花などは、額縁に入れて飾ると、アート作品に。製作した子どもの写真を添えて。(多摩川保育園　3〜5歳児)

子どもたちが作るさまざまな物の製作過程や、出来上がってうれしそうに製作物を手にする子どもたちの写真を掲示。ほかの子の作品を見て情報共有したり、自分もやってみたいという気持ちになる。(仁慈保幼園　3〜5歳児)

大型積み木で段差を作り、作品の置き場所に。奥の物も取り出しやすく、それぞれの作品がよく見える。(東一の江幼稚園　3歳児)

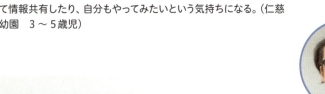

廊下の突き当たりの空きスペースにテーブルを置いて、子どもたちの作品の展示スペースに。すぐ上には、製作過程を掲示。(せんかわみんなの家)

マメ先生のチェックポイント

道具や素材・材料は、いつでも使えるように

あそびの大きなウェートを占めるのが、アートです。イメージしたことから、何らかの形を生み出していく製作は、創造的な営みです。そのため、素材、材料、道具、空間などの環境が重要になります。アトリエ空間まではいかないにしても、何か作りたいときにいつでも取り出せる環境が不可欠です。中でも、廃材など質の違う多様な素材をいつも集めるようにするほか、最低限の道具はいつでも使えるように分類して提供しておきたいものです。

● 教材庫

アトリエの隣にある部屋は、部屋一つがまるごと教材庫。子どもたちは自由に出入りして、製作に使う物を選ぶことができる。（せんかわみんなの家）

絵の具や筆などの道具も、教材庫に収納。

シーグラスやペットボトルのキャップなどの小物は、瓶に入れて。

小さな種などは、種類別に浅いプラスチック容器に。

どんぐりなど、季節の自然物をいつでも使えるように。

ガムテープ、トイレットペーパーなどのしん。

毛糸なども一つにまとめて。

小さく細い物、ある程度太い物など、小枝類も大切な製作材料。

教材庫があると、ペットボトルなどの廃材も、十分な量を保存しておける。

ごっこあそびの場

子どもたちが作ったラーメンのお店。
（東一の江幼稚園　3〜5歳児）

麺は黄色の毛糸。色画用紙で作った具材をトッピングして。

段ボールで作った大きな寸胴鍋から、本物のお玉でよそう手つきも本格的。

お店の壁には、近所のラーメン屋さんに見学に行ったときの写真をはって。

お客さんの注文に合わせて具材をトッピング。

カチューシャと、ガシャポンの容器を面ロープでつないだ聴診器。

おうちごっこのスペースが、病院になることも。
（東一の江幼稚園　3歳児）

家庭やお店で見た場面を再現したり、なりきったりして、イメージを表現することは、子どもたちの大好きなあそびです。子どもたちのあそびの展開を予測して、イメージが具体的に表現できる場に合った十分な素材を用意することが大切です。また、子どものあそびは刻々と変化していきます。あそびに合わせてスペースの取り方なども考えていきましょう。

園に消防士さんが来てくれたことで盛り上がった消防士さんごっこ。（東一の江幼稚園　3歳児）

段ボールで作ったおうちの中で、ごっこあそび。（東一の江幼稚園　3歳児）

段ボールで作ったおうちから、牛乳パックで作った道路が伸びている。

人通りが少ない2階の廊下には「アイドル学校」。

鏡の近くには「アイドル学校」のメンバー表。

アイドルになりきって、コンサート。（東一の江幼稚園　4歳児）

ごっこあそびの場 ▲▲

おうちコーナーには、クラスのパーティーの様子やパン作りをしたときの写真もはって。手前には、子どもたちがフェルトで手作りした食材。（世田谷仁慈保幼園　3〜5歳児）

ロフト下を使ったままごとスペース。本物の家のようなランプもつけて。（仁慈保幼園　3〜5歳児）

一段高い場所を作り、おうちの雰囲気を出している。（陽だまりの丘保育園　3〜5歳児）

木の食器を使って、上品にまとめた食器棚。（陽だまりの丘保育園　3〜5歳児）

しぜんの国保育園は、ままごと、製作、自然科学などの場が部屋ごとに分かれている。写真は、ままごとの部屋にあるおうち。（しぜんの国保育園　3〜5歳児）

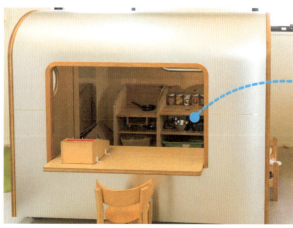
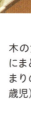

おうちの中にある食器棚。

パソコンのキーボードや携帯電話を置いた書斎。（陽だまりの丘保育園　3〜5歳児）

食材は、きれいな色で作ったポンポンなど。瓶にも入っている物の写真をはって。

ままごとコーナーをかわいくしたいと子どもたちから意見が出て、折り紙で飾り付けをした。(仁慈保幼園　3〜5歳児)

壁には、実際の美容院の様子や髪型の写真が。

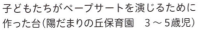

子どもたちがペープサートを演じるために作った台(陽だまりの丘保育園　3〜5歳児)

作ったペープサートを置いておく棚。

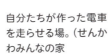

自分たちが作った電車を走らせる場。(せんかわみんなの家)

思い思いに作った電車を収納する場所。自分たちで作った線路を走らせてあそぶ。(RISSHO KID'S きらり　3歳児)

マメ先生のチェックポイント

イメージが膨らむ環境を

3歳以上児は、テーマ性のあるあそびが生まれることも大切です。それは、ごっこあそびの延長であることも多いようです。ラーメン屋、電車、美容室、アイドルなど、さまざまなテーマがありますね。子どものイメージがどんどん広がったり、深まったりしたら、そのイメージをどう実現していくか、ふさわしい材料や素材、道具などの環境が重要です。あそびの盛り上がりに、壁面にはられたこれまでのあそびのプロセスや、情報提供の写真などもとても有効です。

自分たちが段ボールで作った電車で、ごっこあそび。(RISSHO KID'S きらり　3歳児)

裏側には、窓の外を見ながら乗っている気分が味わえる座席も作った。

窓には、時刻表、電車の種類、駅名の掲示版、電車を見にいったときの様子を写真で掲示。

ごっこあそびの場 ▲▲

環境を動かす

ときには、場を変えて

プラネタリウムのあそびが下火になったので、保育室の隅に合ったプラネタリウムのブースを、子どもたちの中でブームになってきた茶室に改装。(仁慈保幼園 3〜5歳児)

本物のお茶椀を使って。

講師の園長から、作法を教えてもらう。

茶室には、茶道の作法について書かれた大人の本も置かれている。

「本物のお茶会を開きたい!」と、別の場所に子どもたちが準備したお茶会の席。

ままごとの場とお世話あそびの場

当初は、ままごとの場で食事を作ってあそんでいたが、次第に赤ちゃんのお世話あそびにも広がってきた。手狭で、食事用のテーブルでおむつ替えをする姿も見られるようになってきた。(仁慈保幼園 3〜5歳児)

そこで、ままごとコーナーの奥にお世話あそびコーナーを増設。

あそびが拡大

ネイルサロン

年長組の子どもたちがはじめたネイルサロン。ネイルはカラービニールテープ。(東一の江幼稚園　5歳児)

お化粧も

オシロイバナの種をつぶすと白い粉ができ、それでおしろいあそびができると保護者から聞いた子どもが、クラスの子どもに伝えて、ネイルに加えて化粧もしはじめたので、ネイルサロンのスペースを拡大。

ネイルやお化粧に興味をもった子どもたちがネイルサロンの中に、アクセサリー屋さんも開業。ペットボトルのふたを入れ物にして、アクセサリーの材料になりそうな物を整理。そこから選んで、イヤリングなども作るようになる。子どもたちは、ネイル、お化粧、アクセサリーの場を「お化粧屋さん」と呼んでいた。

人気が出て、順番待ちも出るようになったので、スタンプカードなども作成。

アクセサリー作りも合体

年少児にも波及

年長組のお化粧屋さんにあそびにいった年少組の子どもたちが、自分のクラスでもネイル屋さんをやりたいと保育者に相談してきたので、スペースを設けた。

知的な好奇心を育む場

10円玉を特定の物でこすると、ピカピカになることを知った子の提案でできた、10円玉のさび落としコーナー。「これならどうだろう？」と、素材が増えていく。(RISSHO KID'S きらり　4歳児)

海へ出かけているうちに、海水に興味をもった子どもたち。場所によって味が違うかどうか、煮詰めた物のほか、いろいろな塩を集めてみた。子どもたちの興味は、塩を使ったエステにまで広がってきた。(RISSHO KID'S きらり　4歳児)

コーヒーの香りに興味をもった子どもたちのためのコーナー。ハワイで採れるコーヒー豆を知り、この後ハワイへの興味もわいてきた。(RISSHO KID'S きらり　4歳児)

それぞれの実験コーナーの成果は、、写真を使ってノートに記録。(RISSHO KID'S きらり　4歳児)

それぞれの実験コーナーの成果は、写真を使ってノートに記録。(RISSHO KID'S きらり　4歳児

コップの水の量でたたいたときの音が変わることに気づいた子のために、コップコーナーを作った。(ひだまり保育園　3〜5歳児)

コーヒー店に見学に行って見てきた豆の焙煎器も。

発見や驚き、「なぜだろう？」という疑問から、科学する心が育まれていきます。子どもたちが自分の疑問を探求し、さらなる発見や驚きに出会える場をデザインしてみましょう

糸電話で実験中。(東一の江幼稚園　5歳児)

キノコに興味をもった子どもたちの場。壁には、キノコに関する情報がはってある。(ひだまり保育園3～5歳児)

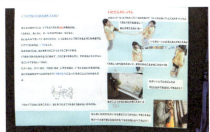

保育室には、糸電話に関する情報を掲示。

キノコを干すとどうなるか、実験中。

アロマワックスバーに入れる素材や、作り方をまとめて。(仁慈保幼園)　3～5歳児

自分たちでも、果物を干して、においを楽しむ。

知的な好奇心を育む場 ▲▲▲

オーブンで焼いて、形が変わること、匂いが出ることに気がついた子どものために、何種類もの素材とオーブンを常備。（ひだまり保育園　3〜5歳児）

いろいろな匂いを楽しめる香りのコーナー。
（ひだまり保育園　3〜5歳児）

海に関するコーナー。海の本、砂浜で拾った貝殻、海水などが置いてある。
（仁慈保幼園　3〜5歳児）

貝殻は、種類ごとに分けられるケースに入れて。

ザリガニの水槽の横には、ザリガニの絵本や図鑑など、生態がわかる物を置いておくと、興味も広がる。（仁慈保幼園　3〜5歳児）

保護者と旅行に行った先で見つけた石への興味から始まった、いろいろな場所の石集め。
（RISSHO KID'S きらり　5歳児）

マメ先生のチェックポイント

5領域や10の姿とも関連

　子どもはあそびを通して、知的な好奇心や探求心を育みます。それは、さまざまな分野へとつながっています。たとえば、物の性質や仕組みへの関心、生き物や植物への関心、地球や宇宙への関心、人体への関心、国や地域への関心、食への関心、言葉のおもしろさへの関心、数量や図形などへの関心、色や形への関心などです。これは5領域や10の姿とも関連しますが、こうした子どもが出合う分野について、保育者が意識することも大切です。

いろいろな国で塩が取れることを知った子どもたちの興味は、世界の国々へ。

「フライドポテトを作りたい！」という子どもたちは、ジャガイモとともに塩にも興味をもった。（ひだまり保育園　3〜5歳児）

必要な材料を買いにいった子どもたちの様子は、写真で掲示。

子どもたちが塩に興味をもっていると伝えると、各家庭からいろいろな塩が集まった。中には、三温糖も……。

園で収穫したジャガイモ。

いろいろなハーブやエッセンス。

絵本とともに、カレーに使う香辛料も展示。（仁慈保幼園　3〜5歳児）

料理に使う香辛料やハーブに興味をもった子どもたちのためのコーナー。（多摩川保育園　3〜5歳児）

いろいろなカレーを写真で。

63

知的な好奇心を育む場 ▲▲▲

自分たちで試行錯誤して作った染物用の染料。
(仁慈保幼園　3～5歳児)

絵の具より、クレープ紙で作った色水のほうが透明感があるという子どもの発見を、みんなにわかるように展示。(ひだまり保育園　3～5歳児)

環境を動かす

電気の実験コーナーから、スーパーボール作りの場へ

果物を使った電池の実験などを想定して、コーナーを作った。
(RISSHO KID'S きらり　4歳児)

子どもたちの興味は、作ったスライムに色を付けて、オブジェを作るあそびへと発展。

しかし、子どもたちの興味は、レモンを使ったスライム作りへ。

スライムのオブジェから、子どもたちの興味は、弾むスーパーボールへと変化していった。それに合わせて、一人一人の製作物を入れておける棚を準備。それぞれの置き場があることで、自分の作品を大事にしてもらえるうれしさを感じられ、ほかの作品を見て刺激を受けることもでき、次への意欲につながる。

環境を動かす

あそびの融合

切り紙に夢中な子どもたちと、ランプのシェード作りに熱中していた子どもたちがコラボしてできたランプシェード。(多摩川保育園　3〜5歳児)

ちょうどそのころ、キャンプのテント作りをしていた子どもたち。互いのあそびを知った切り紙とランプ、テント作りに興味があった子どもたちで、「キャンプで、ランプを灯したい！」と言う話になった。

段ボールではなく、雨にぬれても大丈夫なテントを作りたい！割り箸を使って、試作品を作る。

円すい形のテントには、角材より丸い棒のほうがよいとわかったチームは、遠いホームセンターまで買い出しに行った。

素材にはタケを選び、テントを組み立てる。

周りに不織布や、切り紙をはって。

タケを骨組みにしたチームは、緑のシートに切り紙をはった。

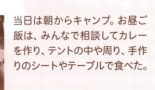

当日は朝からキャンプ。お昼ご飯は、みんなで相談してカレーを作り、テントの中や周り、手作りのシートやテーブルで食べた。

日が暮れて、ランプを灯してキャンプをしたいという子どもたちの願いが実現。

構成あそび・ゲーム性のあるあそびの場

積み木の作品は、取っておけない場合も多いので、写真に撮って掲示。

閉じた空間なので、積み木あそびをしていないほかの子どもが誤って塔を倒してしまったり、ほかの製作物を壊してしまったりする危険性も少ない。

積み木のコーナーは、棚などで仕切って、閉じた空間に。
(仁慈保幼園(3〜5歳児)

大きな構成物も、十分作れる広さを取ってある。

すぐに取り出して使えるよう、棚には十分な量の積み木。

折り紙、積み木、ブロック、粘土などのあそびは、手先の巧緻性だけでなく、思考力を育むあそびです。また、ゲーム性のあるあそびは、自分たちでルールを決めたり、役割分担をしたりして広がっていくので、その都度それに合った場をデザインしていきましょう。

棚で区切るだけでなく、マットも敷いてスペースを明確に。積み木とパズルブロックを、組み合わせてあそべる場。（せんかわみんなの家　3～5歳児）

十分な量のパズルブロックを用意して。（東一の江幼稚園　5歳児）

大勢でパズルブロックをするときは、広い空間を用意して。（陽だまりの丘保育園　3～5歳児）

テーブルの前の壁には、このコーナーで作った製作物の写真。

じっくり、パズルに取り組みたい子どもたちのためには、壁に面して机を配置。少人数で落ち着けるコーナー。（多摩川保育園　3～5歳児）

棚には、グラデーションが美しいパズルも、1種類ずつ収納。

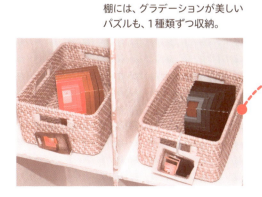

構成あそび・ゲーム性のあるあそびの場 ▲▲▲▲

テーブルの前の壁には、1こまずつ実際の折り紙を使って折り図を展開。

折り紙のコーナーも、集中して取り組めるコーナーに。
(せんかわみんなの家　3〜5歳児)

作品は、一人一人専用のトレイに、作った子どもの写真とともに置くことで、誰の作品かすぐにわかるようにしている。(せんかわみんなの家 3〜5歳児)

園庭に手裏剣を修行する場所。その場で折れるように、後ろの板には折り方図をはり、地面には敷物を敷いている。(かぐのみ幼稚園　5歳児)

小さな作品は、専用のボックスに製作した子どもの写真をはって展示。(仁慈保幼園　3〜5歳児)

立体的な物は、天井からつるして展示。
(ひだまり保育園　3〜5歳児)

小さな製作物は、顔写真とともに、壁にはって。
(多摩川保育園3〜5歳児)

5歳児のベイごまあそびに刺激を受けて、3〜4歳児も自作のこまであそびはじめたので、こま回しの場所を作った。(東一の江幼稚園　3〜4歳児)

指編みなど、少し難しいあそびにもチャレンジできるように。(陽だまりの丘保育園　3〜5歳児)

こま回しのあそびのときは、木の板を敷いて。(かぐのみ幼稚園　5歳児)

みんなで作った大きなコリントゲーム。木の実を転がしてあそぶ。あそんでいるのは、3歳児。(かぐのみ幼稚園　3〜5歳児)

マメ先生の**チェックポイント**

量や質を豊富に

　3歳以上児の場合、積み木やブロックなどの種類や量の豊富さや場の広さが求められます。また、パズルや折り紙、あやとりや指編み、こま回しなど、少し難しい物に挑戦するあそびも重要です。友達と教え合うことが大事な時期もありますが、自分一人でやり遂げたい時期の場合は、作り方の手順を掲示してはり出すことも達成感を促す上で効果的です。友達とするボードゲームなども、じっくり考える力とコミュニケーション力を培います。

構成あそび・ゲーム性のあるあそびの場 ▲▲▲▲

環境を動かす

試行錯誤から広がるあそび

年長児クラスの男の子のアイディアから始まった、ペットボトルの蓋を二つ重ねたこまをほかのこまとぶつけて勝ち負けを競う「ベイ」のあそび。廊下ではじめたが、広すぎてこま同士がぶつからない……。（東一の江幼稚園　5歳児）

棚で使っていたケースをバトル場にしてみたが、狭すぎて「ベイ」を回すのが難しい……。

プラスチックの籠をバトル場にしたが、すぐに「ベイ」が落ちてしまう……。

テーブルの回りに新聞紙を丸めたものをはり、落ちないようにした。広すぎるのと、新聞紙がはがれやすいので、今一つしっくりしない。

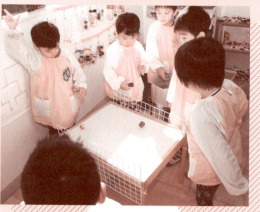

小さ目のテーブルの左右に牛乳パックやワイヤーネットをつけて作った「ベイ専用バトル場」。このバトル場では、しばらくあそびが続いたが、「本物は、バトル場が円形。円形の所でやってみたい」という声が上がった。

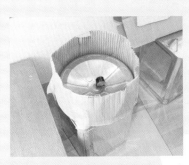
園内を探すが、ちょうどよい円形の物がなかった。そこで、園の連絡アプリなどを使い、保護者にも円形の物を探してもらったところ、保護者がジンギスカン鍋とシーリングライトのカバーを持ってきてくれた。さっそく試してみたが、ジンギスカン鍋は小さめなのと、音がうるさいので、あまり使わなかった。

シーリングライトのカバーがバトル場には、ぴったり！ やっと理想のバトル場ができて、「ベイ」でのあそびはますます盛り上がっていった。

「ベイ専用バトル場」ができたころから、「ベイ」のあそびが盛り上がり、トーナメント表も作成。名前を書くところにクリアテープがはってあり、書いた文字を消すことも可能。

「ベイ」自体にもこだわる子どもたちが現れ、「ベイかいはつけんきゅうぶ」ができる。

「ベイ」のタイプ別に、マトリックス表も作成

「ベイ」の中に粘土を入れて重くしたあたりが強い「ベイ」や、長く回り続ける「ベイ」を開発。

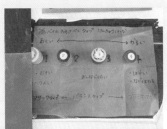
「ベイ」が重いとき、軽いときどうなるかの研究結果。

それぞれの子どもが作った「ベイ」をしまって置ける場所も作った。

絵本の場

一室が独立した絵本の部屋。司書もいて、子どもが本を読むときだけでなく、親子で本を借りるときなども、アドバイスしてくれる。（しぜんの国保育園）

図書室の中には、落ち着いて本を読める空間も。

マメ先生のチェックポイント

多種多様な絵本を用意して

3歳以上児の絵本や図鑑の環境は、一人で読む場合に加え、友達と一緒に見ることも増えてくるので、みんなで見ることができる空間も大切です。また、その時期の興味あるあそびや季節、テーマ性に関連するような絵本は、すべて棚に取り出しておくとよいでしょう。その絵本棚と製作の場が近いと、あそびと連動することも増えてくるかもしれません。絵本は語彙力を含めた学びにつながる環境です。たくさんの種類の絵本を、園に用意しておきたいものです。

はしごを上ったロフトの中は、絵本の空間。
（RISSHO KID'S きらり）

「好奇心や探求心を引き出す場」や「製作の場」などでご紹介したように、子どもの興味・関心のある場に、関連の本を置いておくことで、子どもたちの心を刺激することがあります。しかし、それとは別に、いろいろな本が置いてある絵本の場があることで、さらに子どもの興味・関心が広がったり、知識と知識が結びついたりして、新しい学びの物語が生まれていきます。絵本の場の本は、季節や子どもの姿に合わせて再構成していくことが大切です。

絵本のコーナーには、テーブルもあって、絵を描いたり、子ども同士で談笑したりできる場になっている。（陽だまりの丘保育園　3〜5歳児）

年齢が上がって来ると、仲間が集まって絵本や図鑑を見る場所が必要。たくさんの本に囲まれた、ある程度の人数で本を読める空間。（東一の江幼稚園　3〜5歳児）

電車あそびの場の近く、電車好きが集まる場所には、電車の本だけを集めたコーナーも。（陽だまりの丘保育園　3〜5歳児）

ソファを置いて、気の合う友達と静かに読書ができる場。（せんかわみんなの家　3〜5歳児）

保育室の片隅にある、一人で、または気の合う少人数の友達と、ゆっくりくつろぎながら過ごせる場。（多摩川保育園　3〜5歳児）

情報を可視化する場

昼間は思い思いのあそびに熱中している子どもたちも、朝とおやつの後に一堂に会して、今楽しんでいること、疑問に思っていることなどを発表し合う。このことで、自分がしているあそび以外にも興味が湧き、あそびとあそびがつながるきっかけになったり、ほかの子から新しいアイディアが提案されたりする。(仁慈保幼園　3〜5歳児)

なんの苗をどこに植えるか、絵に描いてきた子どもに、みんなの前で発表してもらい、情報を共有する。(仁慈保幼園　3〜5歳児)

おみこしのイメージ画を描いてきた子に、説明してもらう。(仁慈保幼園 3〜5歳児)

タマネギの皮での染物を、実際に染めた服を着て、説明する。(仁慈保幼園 3〜5歳児)

子どもの話をその場で絵にして、イメージの共有化を図る。(仁慈保幼園　3〜5歳児)

子どもたちがイメージを共有することが、集団であそんだり、協同的なあそびをしたりする第一歩です。イメージを共有化するには、視覚化することのほか、そのことについて対話することも大切です。

街中にあるおもしろい形を写真で。（かぐのみ保育園）

砂に興味をもった子どもたちが、家族で出かけたいろいろな場所の砂を採取してきた。その場所の写真とともに掲示。
（RISSHO KID'S きらり　4歳児）

玄関のロビーには、お誕生月の子どもたちの写真が、さりげなく飾られている。（世田谷仁慈保幼園）

子どもたちと探したマンホールを写真に収めて、ファイルに。保育室にこのファイルが置いてあることで、保護者から「旅行先や出張先で見つけた」と、いろいろな場所の写真が次々と提供されることもある。（陽だまりの丘保育園　5歳児）

マンホールの蓋は、場所によって大きさや絵が違うことに気づいた子どもたち。そのことを写真で掲示。

マンホールの蓋の絵が都道府県で違い、その土地の水道局などに行くとカードがもらえることを知った。遠くに住む祖父母などにカードを送ってもらい、それを日本地図にはっていった。

マンホールへの興味から、下水道にも興味をもった子どもが描いたイラストを掲示。

情報を可視化する場 ▲▲▲▲▲▲

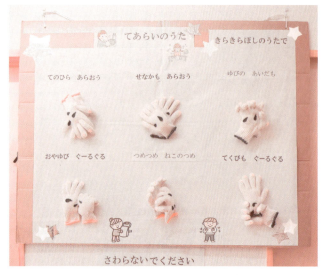

手の洗い方は、手袋を使って掲示。(ひだまり保育園)

季節の植物を、名前などを記して飾る。
(かぐのみ保育園)

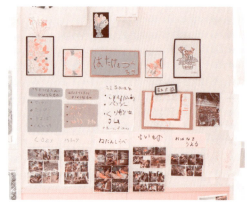

畑を作りたい子どもたちが、畑の設計図や、植えたい物、種や苗の値段を調べたことなどを1枚の模造紙にまとめて。
(世田谷仁慈保幼園　3〜5歳児)

それぞれの子どもがやりたい折り染めの仕方をまとめて、写真とともに掲示。
(世田谷仁慈保幼園　3〜5歳児)

その日に何があったかわかるように、毎日のトピックスを写真で。(せんかわみんなの家　3〜5歳児)

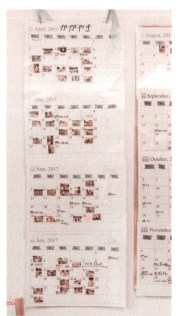

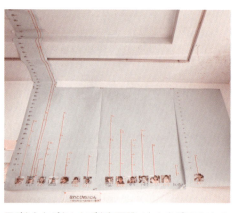

子どもたちがなわとびを何回跳べたかをグラフにして。
(東一の江幼稚園　4歳児)

飼育途中で死んでしまったテントウムシを子どもたちとの話し合いで、一部を標本にして展示。

自分たちで調べたことを、ほかのみんなと共有するために、模造紙にまとめて掲示。
(陽だまりの丘保育園　5歳児)

マメ先生のチェックポイント
可視化が協同的な学びにつながる

あそびが協同的な学びになっていくためには、可視化を通して対話が深まることが重要です。その可視化の仕方もさまざまです。写真を示す、絵で描いて示す、実物を見せる、ファイルにする、グラフによって量や長さを数量化して示す、地図で示す、カレンダーで示す、設計図で示す、調べてきたものを示す、分類して示す、時間軸で並べて示す、ウエブ化(マッピング)する、プロジェクターで示す、等々。保育者の整理の仕方が、子どもが学び方を学ぶことにもつながるのです。

何を使うと泥水がいちばんきれいにろ過できるかに興味をもった子どもたちが実験。実験結果の写真を共有。
(陽だまりの丘保育園　3〜5歳児)

子どもたちのあそびの流れやつながりを、写真を使って表した。子どもたちにも、今クラスでどんなあそびが進行しているか、わかりやすい。(ひだまり保育園)

水・砂・泥の場

砂場に大きなシャベルで穴を掘り、水を入れ、木切れを浮かべてあそぶ。(かぐのみ幼稚園)

大きなタイヤは、中でおままごともできる。

いろいろな型抜きや、フライパンなどのままごと道具も種類別に籠に入れて、砂場の近くに用意。(かぐのみ幼稚園)

大きなシャベルは立ててひとまとめにし、取り出しやすいように。(かぐのみ幼稚園)

砂場の淵の杭に、カップで作ったおだんご。(かぐのみ幼稚園)

園庭にあるおうちの下は、砂場の用具入れ。(かぐのみ幼稚園)

2階は、おままごとの部屋。

砂や泥を使ったあそびでは、穴を掘ったり、山を作ったり、水を混ぜたりといろいろな変化が楽しめます。子どもたちの姿に合わせて、いつでも使える道具や素材を準備しておきましょう。

園舎の張り出し部分の下は、砂場になっていて、あそびの拠点の一つになっている。（かぐのみ幼稚園）

砂場で、思い思いにあそぶ子どもたち。（かぐのみ幼稚園）

砂場のいちばん奥には、道具を収納する棚がある。道具を入れる籠には、道具別に収納できるよう、入れる物の名前がはってある。（かぐのみ幼稚園）

園庭にある道具を入れる場所。（仁慈保幼園）

好きな道具を取り出して、あそぶ子どもたち。

水・砂・泥の場 ▲▲▲▲▲▲▲

5歳児のダイナミックな水あそび。(市立都跡こども園)

園庭には、海砂、川砂の二種類の砂が用意してあり、子どもたちはいつのまにか2種類の砂を特徴によって使い分け、泥だんご作り。(多摩川保育園)

泥だんごの回りにかける砂は、マットの下などにある白砂を、自分たちで集めて。

完成間近の泥だんご。

マメ先生のチェックポイント

素材や道具にこだわって

3歳以上児の水・砂・土とのかかわりはよりダイナミックになっていきます。そのため、素材や道具にもこだわりたいものです。土でも場所によって種類が違うと、泥だんごのでき方も違ってきます。道具も籠などで分類して、多様な道具を選べるよう用意しましょう。5歳児くらいになると、水を流すあそびもよりダイナミックになり、水の性質や物の仕組みを考えて探求する姿も出てくるので、そうした環境も用意したいものです。

子どもが主体的にあそび込める環境

出原 大
（松山東雲女子大学准教授）

3〜5歳児になると、砂場でも子どもたちが主体的にあそび込めるようになります。ここで大事なのは、やってみたくなる環境があることです。自由に使えるといやパイプなどがあったり、保育者が自分から大きな砂山を作ろうとしたりするなどの環境が、子どもたちの"やってみたい！"という心を育みます。

流してみよう！

保育者が大きなシャベルで砂場を掘っていると、数名の4〜5歳児がやってきました。「先生、何してるの？」「あっ！　わかった山作るんや！」と子どもたち。
「お！　さすがよくわかったね！」と保育者が言うと、5歳児がさっそくスコップを取りに行き、穴掘りに参加します。その様子を見て、4歳児もスコップを取りに行きます。穴を掘った横に大きな山ができると、5歳児の一人がといを持ってきて山の上に置きました。水を流しだすと、砂場のくぼみに水がたまります。これを見たほかの子どもたちも、じょうろやペットボトルに水を入れてきて、しばらくはどんどん水流すことを楽しんでいました。
そのとき、保育者が砂場の周りに採集した葉っぱや花を持ってきました。すると、子どもたちは、その葉っぱや花をといに置いて水を流し、「わあ！　この花すごいスピードで流れるで！」「ほんまに最強や！」。流す葉っぱや花によって、速さが違うことに気づいた子どもたちは、といを数本持ってきて、どれが速く流れるかと、葉っぱや花の流し競争を楽しんでいました。

水道のホースを引いてきて、葉っぱや花の流し競争。

ポイント・配慮

このような保育者の働きかけが子ども主体のあそびを生み出し、子どもたちの好奇心・探求心が培われていく。子どもたちが楽しみながらできるように、声をかけたり素材を提供したりして、あそびを支えよう。

≪あそびの広がり≫

大きな砂山は、葉っぱの付いた枝でデコレーションコン。

砂場に掘った穴に水を入れ、葉っぱの付いた枝を差してあそぶ。

砂山に、草や棒を差して。

自然とかかわる場

子どもたちが自然とふれあって得る学びには、かけがえのないものがあります。園庭で、園外で、さまざまな自然と出会えるような環境を工夫しましょう。

園庭で色水あそび。さまざまな色ができた。
（多摩川保育園　3～5歳児）

氷に色水を垂らすと、垂らしたところだけ氷が溶けることも、あそびの中で発見したこと。

透明ホースに色水を流すと、流した順に色別になることを発見！

裏山から拾ってきた木の枝などの素材に、きれいな色の布などを結び付けて、おうちができた。（かぐのみ幼稚園）

鉄棒にもいろいろな素材で屋根を作り、その下でお弁当。（かぐのみ幼稚園）

拾ってきた木切れに、いろいろな物を結びつけて、クリスマスツリーを製作。（かぐのみ幼稚園）

裏山に忍者の修行に出かける5歳児。（かぐのみ幼稚園）

マメ先生のチェックポイント

あそびに取り入れやすい植物を植えよう

園内・園外を通して、自然とかかわる環境が重要です。園庭には、子どもがあそびに取り入れやすい自然物を植えるといいでしょう。例えば、色水作りに使えるオシロイバナ、ヨウシュヤマゴボウ、アサガオなどもいいですね。色水あそびが格段におもしろい探求的なあそびになります。また、草相撲に使えるオオバコなど、調べてみましょう。プランターなどで、子どもと一緒に栽培をするのもおもしろいですね。

色水あそび などの場

出原 大
(松山東雲女子大学准教授)

幼児教育の現場では、一般的に色水あそびと言えばポスターカラーを水に溶き、ペットボトルに入れてジュース屋さんごっこをする姿がよく見られますが、本来の色水あそびは植物を使って行われてきました。植物のほうが種類の違いによって、つぶす感触や匂いが違い、自然の多様さに気づくことができます。

色水あそびは、植物の特性によって酸化したり、化学変化を起こしたりして色が変わることもあります。幼児期の心が大いに動く時期に、科学の芽生えにもつながるこれらの経験を、ぜひともしたいものです。

ヒイラギナンテンの実の色水あそび

1人の男の子がヒイラギナンテンの実を採ってつぶしてあそんでいます。「これ赤い色や！ 血みたいや！」と言いながらコンクリートにその色水で絵を描いていると、次第に赤い色の絵がこげ茶色に変色していきました。「わあ！ すごい魔法や！ 色が変わった！」と興奮して言うと、そこに集まってきた友達も不思議そうに、ヒイラギナンテンの色水あそびを楽しみました。

ヒイラギナンテンの実。

ヒイラギナンテンの実をつぶして……。

つぶしたヒイラギナンテンの実の汁で、絵を描く。書いた直後は赤、次第に茶色く変色していく。

色が変化しやすい植物・おもしろい変化をする植物

- **リーガースベゴニアの赤**
  →赤の色水が青色になる。
- **ユリの花粉**
  →こげ茶色が青色に。
- **ムクゲ、フヨウ**
  →つぶすとどろどろ、ねばねばに。
- **アガパンサスの葉っぱ**
  →つぶすと納豆のように、ねばねばと糸を引く。

ポイント・配慮

- 色水あそびがしやすい、園庭に隣接したデッキ部分がない場合は、板や机を置いて、子どもたちが活動しやすい環境を作ろう。
- 植物から汁を採るには、次の物を用意しておくとよい。
  おろし器／ビン／割りばし／すり鉢／すりこ木

自然とかかわる場 ▲▲▲▲▲▲▲▲▲

自然に親しむ

　3〜5歳児の運動的な発達は、個人差・経験の差があって、能力にかなりの差があります。このことも考慮して、個人の能力に合わせた「自然サーキット」をしてみてはどうでしょうか。一人一人の子どもたちが楽しんで、自分の力で挑戦することを決められるあそびです。

自然サーキット

　保育者が園庭に白線を引いていきます。鉄棒をくぐり、築山を登り、倉庫の裏を通り、大型固定遊具を通り、大きな木のそばを通り……。
　子どもたちがこの白線を追いながらいろいろな場所に行き、例えば、鉄棒が得意な子は逆上がりや前回りをし、苦手な子はぶら下がったり、くぐり抜けたりするだけでもいいのです。各ポイントでおもしろい経験ができるようなコースに白線を引くと、子どもたちが好きなように運動あそびに挑戦できます。

木やタケを組み合わせて作ったアスレチック。

木と木の間に縄ばしご。

大きな木に、ロープのネットを付けて。安全対策として、木の下には大きなマット。

園庭のはずれの森には、平均台のような細い木の小道。

ポイント・配慮

- それぞれの場所でどんなことができるかという点と、わくわくするコースを考えることが大事。次第に子どもたちでコースを決められるようにしていくとよい。
- 保育者間で、事前に危険個所についてよく把握し、見守り方などについて、よく話し合っておく。

ごっこあそびの拠点

園庭に草地はありますか？ 野草が生えている場所があると、そこに虫が集まるようになります。すると、その虫をエサにする鳥も飛んでくるようになります。草が生えているだけで、子どもたちがいろいろな自然物にふれる機会が増えます。園庭の草地は、ごっこあそびの拠点にもなります。

木陰のテーブルでは、草花を使ったままごとあそび。

草を使ってままごと

「タンポポが咲いてる！」とタンポポを摘んで喜んでいる女の子。そこに友達も集まってきて野草摘みがはじまりました。「わあ！ これちぎったらおっぱいみたいな白い汁が出てくる！」とその汁を触りながら、ねちゃねちゃする感じを楽しんでいます。ほかの子たちもどんどん草を抜いてきて「これは、ベタベタしない！」「これ、すごい匂いがする！」などと感触を楽しんだり、匂いを感じたりするあそびを続けました。

タンポポだけでなく、ほかの野草摘みも。

土のおだんごに葉っぱを載せて、おすし屋さんも開業。

葉っぱや土を使っての、ままごと。

葉っぱの衣装で、コンサート。

ポイント・配慮

- このような経験は、五感を養うだけでなく、小さな生命に気づく経験にもつながる。
- 園庭の落ち葉は、はいて捨ててしまうのではなく、地面の上に落ちたままにしておくと、子どもが葉っぱであそび、葉っぱは次第に踏まれて、枯れて、朽ちていき、それをダンゴムシやミミズがエサとして食べ、そのフンを線虫やバクテリアが分解して、草が生えやすい土が生まれる。
- 野草が生えていない園庭には、野草を根ごと、土ごと、移植してみよう。野草は一年で根付き、どんどん増えていく。そこに、バッタなどを放すと、虫なども増えていく。
- 植物に自由にふれる空間があると、子どもはそこからイメージを広げて、どんどんごっこあそびを展開していく。

自然とかかわる場 ▲▲▲▲▲▲▲▲

園外に出て、自然とあそぼう

公園などに行くと、ただそこにある固定遊具で楽しむ子どもたちを見守っているという保育者の姿が少なからずありますが、園外に出るときはよく下見をして、そこであそぶ意味や意図をしっかりともっていることが大切。園庭の自然環境が乏しい場合は、木の実を拾いに園外散歩に行くなど、その場所でしか味わえない経験を大事にしたいものです。

はじめは、保育者と恐る恐る。

だんだんにそれぞれの子が自分で工夫して、斜面滑りを楽しむように。

斜面滑り

子どもたちと松林に行って、斜面滑りをしました。
「わあ、ここ滑る！」。斜面に落ちている松葉の上に乗るだけでも、転んでしまいそうなぐらいズルズルと滑ります。その場で、段ボールを持っていき、子どもたちと斜面滑り！
「キャー！」と、大歓声が起こって、何度も斜面滑りを楽しみました。
帰りには、ダイオウショウの大きな松かさをたくさん拾って帰りました。

自然の中での水あそびは、また格別。

みんなで園外に虫取りに行くのも楽しい。

ポイント・配慮

- 下見をしっかりとして、子どもたちが興味をもちそうなポイント押さえておき、また危険個所がないかなどの把握をして、保育者同士でその情報を確実に共有しておく。
- 臨機応変な対応も大切にし、その場所で出会った「おもしろいキノコがあった」「スズメバチをみつけた」「かくれんぼするのに楽しい場所があった」など、意図しない出来事も大事にする。

第2部 事例編
「主体的・対話的で深い学び」が生まれる環境

88 0歳児クラスの実践　多摩川保育園（東京都・大田区）
匂いへの興味・関心から生まれた学び

94 0〜2歳児クラスの実践　ちいさなたね保育園（神奈川県・横浜市）
0〜2歳児の異年齢で楽しむお散歩

100 4歳児クラスの実践　都跡こども園（奈良県・奈良市）
子どもの思いに沿って、計画は臨機応変に

106 3〜5歳児クラスの実践　ひだまり保育園（東京都・世田谷区）
異年齢で試行錯誤を楽しめる環境 ―水への興味がつながって―

112 5歳児クラスの実践　かぐのみ幼稚園（神奈川県・逗子市）
子どもがデザインする園庭環境

120 3〜5歳児クラスの実践　仁慈保幼園（鳥取県・米子市）
万華鏡の魅力から広がる世界

環境は、一度構成したらそれで終わりではありません。
子どもの姿に沿って、臨機応変に変化させていくことが大事です。
その環境を通してあそび込むことで、子どもの学びは深まり、広がっていくのです。
ヒトやモノを上手に生かして、環境を動的にデザインしていった事例を
ご紹介します。

0歳児クラスの実践

多摩川保育園
（東京都・大田区）

- 2013年に民営化し、社会福祉法人仁慈保幼園が運営。多摩川土手近くの住宅地にある。
- 0歳児は1クラス11名。全園児118名。

匂いへの興味・関心から生まれた学び

花への興味から、匂いに関心をもったSちゃん。
その興味の行方を楽しみながら見守っていく保育者と保護者。
子どもが何に興味をもっているのかを、日々の体験を通して見ていく中で、
子ども自身が経験を重ねられるように考え、
じっくりと工夫をしながら環境を整えていく担任。
0歳児と心で対話する保育者の様子を
ご紹介します。

6～7月　花への興味

人とかかわるのが好きで、好奇心旺盛な1歳1か月のSちゃん。以前から保育室内にあった造花のアジサイに興味を示し、触りたいと声を上げることが何度もありました。そこで、6月にテラスで本物のアジサイにふれる機会をもったのですが、とても関心を示していました。

7月に入り、子どもたちにも季節を感じてほしいと考え、今度は保育室にヒマワリの造花を飾りました。すると、Sちゃんはやはり興味を示していました。さらにまだうまく言葉にはなりませんが、園庭に咲いているヒマワリを指さし、「これと同じ」と担任に伝えてくれたのです。翌日から園庭に出るたび、やはりヒマワリをじっと見つめていました。

↑園庭のヒマワリ。

↑触ってみようかな……。

> アジサイやヒマワリに興味を示したSちゃん。花が好きなのかなと感じた。実際に手に取って見るとしたら、造花よりも生花のほうがいいかと思い、一緒に園庭のヒマワリを採りに行くことにした。

↑これは何だろう？

↑気になっていたヒマワリ、採った。

多摩川保育園（東京都・大田区）

花にふれて感じることは？

↑どんな匂いかな？

ヒマワリを保育室に持ち帰ったSちゃんは、とてもうれしそうでした。花びらを引っ張ってみたり、真ん中の茶色い筒状花の部分をつまんだりした後、午前中はずっと大事そうに持っていました。

💬 8月に、子どもたちが保育中にさまざまな素材と向き合う動画を見て、子どもの思いを読み取る研修をした。読み取ったことを五感で分類してみると、「聴覚」と「嗅覚」が少ないことに気づいた。「子どもたちも匂いに気づいているのかな？」という一人の保育者の言葉から、今まで0歳児クラスの子どもたちに対しては、あまり意識したことのなかった「嗅覚」にも着目し、かかわってみることにした。

↑あはは……な匂い。

→ 翌日もくんくん。

匂いへの気づき

ヒマワリは触ってバラバラになった後も楽しめるようにと、中身が見える袋に入れて床にはってみました。すぐに子どもたちが気づいたので、手に取れるようにし、子どもたちと一緒に花の匂いを嗅いでみることにしました。まず保育者が先に袋の中の匂いを嗅ぐと、Sちゃんも顔を近づけ、匂いに気づきました。そのとき、数人の子が興味をもち、嗅いでみて、Sちゃん以外も表情を変えたのですが、しばらくすると、別のおもちゃであそびはじめました。

正直に言うと、もう嗅ぎたくないと思うような青臭い匂いだったのですが、Sちゃんだけはしばらく袋を持ったまま嗅ぎ続けていました。そして、翌日も袋を見つけると、自分で袋を開けて繰り返し嗅ぐ姿が見られました。

← 匂いを嗅ぐと、繰り返し笑っていた。

💬 翌日も自分から袋を開けて、繰り返し匂いを嗅いでいたSちゃんの、ここまで関心をもっている姿に驚いた。

ここがポイント

子どもがモノと対話をしている姿、興味・関心をもつ姿に寄り添う。その中で、保育者も子どもの興味・関心がより深まるよう、環境を工夫していく。

ここがポイント

五感が育まれる経験をたくさん重ねていくことで、感性のひだが豊かになり、ヒトやモノへの興味・関心のアンテナが広がっていく。

0歳児クラスの実践　匂いへの興味・関心を育んだ環境

9月〜　甘い香りに誘われて

園庭に出ると、甘い香りが漂ってきます。保育者がこれも匂いがするねと伝えると、Sちゃんも関心をもちました。下に落ちている花を拾って一緒に匂いを嗅いでみました。すると、ヒマワリのときは大きなリアクションで笑っていましたが、今度は何度も顔を近づけて匂いを確かめ、優しくほほえんでいました。

その表情がとてもうれしそうだったので、ヒマワリの匂いと比較できたら……と思い、夕方にもう一度Sちゃんとキンモクセイを採りにいき、袋に入れました。Sちゃんが袋を持ちたがったので、振ったりして花が袋の中でばらばらになってしまうかなとちょっと気になりましたが、渡してみました。

↑どこからかいい匂いがする。

> Sちゃんは大事そうに手に持っていた。どうするのかと見守っていると、保育室にいたもう一人の担任の所へ行き、担任の顔に花を近づけた。そして、花を指さし、ここから匂いがすると教えていたのにはびっくりした。Sちゃんはヒマワリにふれたときの経験を思い出し、花びらを引っ張ったり、雑に扱ったりするとばらばらになることを覚えていたのかもしれない。

10月〜　園庭のハーブとの出会い

キンモクセイは香りが強いので、Sちゃんだけでなく、ほかの子どもたちも興味をもち、匂いを楽しむ姿が見られました。そこで数日後、今度はハーブの匂いを嗅いでみることにしました。園庭にはいろいろなハーブを植えていますが、目につく所にあった、カレープランツというハーブを選びました。担任が嗅いでいると、すぐに何人かが興味をもちました。ただカレープランツは、カレーの香辛料のような鼻にツンとくる匂いなので、一度嗅ぐと、離れていく子が多かったのです。そんな中、Sちゃんは、毎日のように摘んでは、カレープランツの匂いを嗅いでいました。

> Sちゃんが花の匂いに興味があるのはわかっていたが、保育者と一緒に嗅いだのは数回だった。園庭に出ると、毎日のように、自分からハーブの匂いを嗅いでいる姿に驚いた。よく見ると、ときどき違うハーブも摘んだり嗅いだりしていたが、カレープランツがいちばんのお気に入りのようだった。

↑袋からキンモクセイを出すと「ここがいい匂いなの」と、指さしで教えてくれた。

↑キンモクセイはいい香り？

↑これはどんな匂いだろう。

多摩川保育園（東京都・大田区）

ポプリで好みの匂いを知る

　Sちゃんの匂いへのこだわりや、ほかの子がハーブの匂いを嗅いだときの反応を見て、室内でも何か匂いを感じられる物を用意したいと思い、保育者間で話し合ってポプリを作ることにしました。
　まずは、レモングラスとヒノキチップを用意しました。Sちゃんが喜ぶかなと楽しみにしていたのですが、意外なことに、Sちゃんはときどき匂いを嗅ぐくらいで、あまり関心を示しませんでした。しかし、ほかの子どもたちが関心を示したのです。
　そこで、Sちゃんにはカレープランツでポプリを作って渡してみるとこれは気に入り、何度も嗅いでいました。

↑カレープランツでポプリ作り。

↑ポプリ作りをお手伝い。

💬 やはりカレープランツがお気に入りのSちゃん。ほかの子も見ていると、ヒノキチップが気に入った子、ハーブは「いや」と言う子がいて、大人と同様、一人一人に好みの匂いと苦手な匂いがあると感じた。

↑ヒノキチップは、ちょっと違う！？

↑この頃には、友達にも嗅いでと差し出し、反応を見る姿が……。

ここがポイント
子どもたちの目の前で一緒にポプリ作りを行うことで、心に残る経験となってほしいと願って、一緒に作った。

10月後半〜　興味が友達に伝わり、響き合って

　興味のある物を見つけると、いつもなめてみたり、口に入れてみたりするHちゃん。それがHちゃんなりの物との対話、確認方法でした。
　しかしある日、Hちゃんが見ていた花を担任が摘んで渡すと、まず匂いを嗅ぎました。いつもと反応が違うなと思い、その姿を見ていると、葉っぱを摘んでは匂いを嗅ぎ、友達にも嗅がせ、相手の反応を見て楽しんでいました。

💬 Hちゃんは慎重なタイプで、園生活になじむのに時間がかかり、9月頃までいつも担任のそばを離れない子だった。しかし、Sちゃんと担任とのかかわりをそばで見ていて、Sちゃんの興味がHちゃんにも影響して心が動いたのだと思った。Hちゃんが自ら周りの物や友達にかかわっている姿に、Hちゃんの成長を感じた。

0歳児クラスの実践　匂いへの興味・関心を育んだ環境

11月〜　関心のなかった子どもたちに広がる興味

　HちゃんやSちゃんの姿から、室内にもハーブを置いて、匂いをより感じられたらと思いました。Hちゃんの父親はタイのかたで、ハーブに詳しいかもしれないと気づき、聞いてみることにしました。すると、タイ料理店に勤めていて、ハーブの話をすると、お店で使っているレモングラスやウコンなどを持ってきてくれました。

　普段はあまり匂いを嗅ぐ機会のないウコンなど、新しい容器に入った物が届いたことで、今まであまり関心を示さなかった子どもたちも匂いを嗅ぎにきました。でも、Sちゃんは初めて見る物だからなのか、容器にあまりふれず、何度か嗅いだだけで終わってしまいました。

↑ タイ料理に使うハーブいろいろ。

↑ ウコンも嗅いでみる？

> 💬 Hちゃんの匂いへの興味や友達とかかわる様子を保護者に伝えたことで、保護者にも保育に興味をもってもらえたのがうれしかった。また、ハーブを持参してもらったことで、今まで関心を示さなかった子どもたちの興味につながったこともよかったと思う。

ここがポイント

いろいろな専門知識をもっている保護者。子どもの様子や園の保育を伝えたことで、その知識を活用させてもらい、保育に取り入れていく。

12月〜　みんなが大好きなナツミカンの香り

　数日後、Sちゃんが園庭の木になっているナツミカンを見つけたので、担任と収穫することにしました。収穫後、Sちゃんがミカンの匂いを嗅いでいたので、より匂いを感じられたと思い、子どもたちの目の前で切り、みんなで食べました。味わった後は、もちろん皮をポリ袋に入れて、嗅いでみました。

→ この匂い、大好き。

> 💬 さわやかな香りのナツミカンにみんな大喜び。Sちゃんは大事そうに皮を手に持ち、自分の鼻に押し付けて繰り返し嗅いでいた。

← もっと嗅ぎたーいと、1人1袋に。

多摩川保育園（東京都・大田区）

匂いの体験から

この後、ほかにも子どもたちが匂いを感じられる方法がないか考えました。保育室に飾るため、テラスで花を育てようと考えていたのですが、このように興味・関心があるなら、実際に地域の花屋に出かけ、自分たちで花を選んではどうかと考えました。花屋ではHちゃんに花を渡そうとすると、手ではなく顔を近づけ、匂いを嗅ごうとする姿も見られました。

子どもたちと一緒に室内やテラスにハーブや花を飾ることで、匂いや草花への愛着がクラスのほかの子どもたちの間にも広がっていきました。

↑ お花屋さんでお花を選んで大満足。

ここがポイント

子どもの姿から行動を予測して計画を立てたり、環境準備したりすることも大事だが、子どもの瞬間の気持ちに寄り添いながら保育を進めていくことが大事。

今回の匂いの活動を通し、Sちゃんの匂いへの興味がHちゃんに伝わり、Hちゃんが周りの人やモノに主体的にかかわる姿を見たときは、0歳児もこんなふうに学び合うのだと思い、驚いた。大人との信頼関係や心地よい環境の中で、自分のやりたいことを受け入れてもらい、情緒が満たされる、安心できる土台があると、このように0歳児は周りのモノや人へと心が向かっていくことがわかった。

実体験からの学び

自分たちで選んで食卓に飾った花を子どもたちはとても大事に扱っています。子どもたちは花瓶をどうやって持ったら水がこぼれないかもよくわかっていて、わざと花瓶を倒したり、保育者が「こぼさないように」と、声をかけたりしなければならない場面は一度もありませんでした。子どもと一緒に花を買いに行き、一緒に飾ったという体験が生きているのかもしれません。

また、子どもたちの匂いへの興味・関心が伝わるように、受け入れ室にもハーブや花を置いたところ、ハーブを持ってきてくれた父親以外の保護者にも変化がありました。Sちゃんの母親も、家族で持ち帰ったハーブの匂いを嗅いだり、お風呂にミカンの皮を入れた話を連絡帳に書いてくれたりするようになりました。ほかの父親も「五感を使う体験って、大事ですね。大人になってそのような気持ちを忘れてしまっていました」と、話してくれました。

0歳児を受け持った1年目の職員も、「子どもの生活が豊かだと、大人の日常も楽しく、豊かになるんですね」と、語りました。

子どもの豊かな体験から、子どもも保護者も保育者も、多くの学びを得ることができたと思います。

0歳児だって、子どもの興味に即して環境を提供することが大切です！

大豆生田 啓友

○ **一人の興味に沿った環境の提供**

この事例は、Sちゃんが造花のアジサイに興味をもったことに応じて、保育者が本物のアジサイに出会わせたいと思ったことから始まった事例です。保育の基本は、こうした子どもの興味に即して環境を提供することにあることがよくわかります。

○ **実際の花にふれられる環境**

この園は季節に応じた植物にふれられるよう、園庭に環境を作っています。安全への配慮も重要ですが、そうした中で、実際に子どもがふれて親しめるような環境があることが重要です。

○ **「匂いを嗅ぐ」という働きかけ**

「五感にふれる」ことが重要だと言われますが、実際はあまり意識せずに保育が行われることが多くなりがちです。この園では、「匂い」の視点が弱いことに気づき、「匂いを嗅ぐ」ことを意識して働きかけています。子どもにどのように環境にかかわってほしいか、保育者の姿勢が大切であることがよくわかる事例です。

○ **家庭や地域の環境を生かす**

保護者や地域の人たちも環境の提供者として巻き込んでいるのもすばらしいです。環境は園の中だけにあるのではありません。いかに外の資源を活用するかも大事なのです。

0〜2歳児クラスの実践

ちいさなたね保育園
（神奈川県・横浜市）

● 自然豊かで、公園の多い横浜市港北区にある小規模保育園。少人数ならではのゆったりとした保育の中で、感性豊かな子どもたちを育んでいる。2015年開園。
● 全園児20名。

0〜2歳児の異年齢で楽しむお散歩

楽しかった夏の経験から始まった「お魚バーベキューごっこ」。
経験を再現しながら、自然の中で思いきりあそび、2歳児の
まねをしながら育っていく1歳児。
0・1・2歳児が学び、あそびを伝承していくとは、どんなことなのでしょう。
身近な自然環境の中で楽しむお散歩の
様子を見てみましょう。

11月20日〜　お魚バーベキューしてくるね

↑山道はかなり急だが、歩行のしっかりしてきた0歳児は、頑張って登っている。

園から徒歩10分くらいの所に小さな山があり、その中にある公園がお散歩コースの一つになっています。公園にはわき水の噴水がある小さな池と、そこから流れる幅15cmくらいの沢があります。また、階段を10段ほど登ると東屋などもあるので、いつもそこで休憩をしたり、ごっこあそびの家にしたりしてあそんでいます。

ある日、いつものようにその公園に散歩に行ったときのことです。2歳児が4人、沢に葉っぱの茎を向けて釣りのまねをしていました。しばらくすると、Eちゃんが東屋にいた保育者に、ぬれている黄色い落ち葉を1枚持っていき、「お魚バーベキューにしてね。もう動いていないから、大丈夫よ。バーベキューソース、作っておいてね」と言い残し、また沢へ戻っていきました。

↑公園の東屋はごっこあそびにぴったり。

はい、お魚！

釣りとバーベキューごっこがなぜ結び付いているのかと一瞬思ったが、Eちゃんがこの夏に家族でキャンプに行き、ニジマスを釣ったり、バーベキューを楽しんだりしたという保護者の話を思い出した。Eちゃんは夏に経験した楽しかった出来事を再現したのだろう。

ちいさなたね保育園（神奈川県・横浜市）

沢にはタコやウインナーもいる！？

　保育者がEちゃんを「わかったよ！ お魚をいっぱいお願いね」と送り出しました。Eちゃんが小枝を拾い、釣りざおに見立てて、あそびはじめました。ほかの子どもたちもEちゃんの先ほどの姿を見ていたので、東屋の園長のところへいろいろな葉っぱを運んできます。

　一人の子が保育者に「タコ好き？」と聞いたので、「好きだよ」と言うと「待ってて！ 今持ってくる」。しばらくするとタコのつもりの葉っぱを持ってきて、「あとは何がいい？」とまた聞くので、「そうだねえ。バーベキューにはウインナー（ソーセージ）かな」と言うと、「はい、ウインナー」と、また葉っぱを持ってきてくれました。

　こうしてやり取りをしていると、葉っぱのビールやジュース、ステーキを持ってくる子もいて、東屋のベンチは、葉っぱのごちそうでいっぱいになりました。

▼ここがポイント

子どもは経験したことを再現してあそぶのが大好き。そのときに対話しながら子どものイメージを引き出すことで、あそびが広がっていく。また、会話を聞いていたほかの子も共通のイメージをもってあそびはじめる。

↑何度も釣っては、東屋まで葉っぱを運び……。

→何度も釣っては、東屋まで葉っぱを運び……。

↑短い小枝は、イメージしたものがなんでも釣れる。

💬 なんと沢にタコやビール、ウインナーソーセージもいるとは!? 子どもたちの豊かな発想がおもしろく、いろいろなものをリクエストして、ごっこあそびを楽しんだ。魚釣りは、最初Eちゃんだけの経験かと思っていたが、そうではなかった。あそんでいる様子を見ていると、釣り糸を引くようなしぐさをする子もいたので、ほかの子も、魚釣りがどういうものかを知っているのがわかった。後日、保護者に散歩の様子を伝えたとき、「釣った魚をその場で食べられるお店に、家族で行ったことがあるので」と聞き、合点がいった。

▼ここがポイント

自然豊かな場所へ出かけるときは、何も持っていかず、自然物であそぶようにしている。

お気に入りの靴が……

　一生懸命にいろいろな葉っぱを取っていたEちゃん。夢中になり、たまたま足が沢に入ってしまい、びっしょりぬれてしまいました。この日はよりによってEちゃんのお気に入りのリボンがついた花柄の靴でした。どうしても履いてきたくて、お母さんに洗ってもらったばかりの靴なので、Eちゃんの反応が気になり、見守っていました。

　泣き出したEちゃんの手にはまだ釣った物（魚、肉?）がしっかり握られており、「Y先生、おなかすいてるって言ってたから。持って行ってあげないと」とそばにいた保育者が言うと、東屋までの階段を上って行き、「焼いて！」と渡し、また釣りに出かけました。

> 　せっかくお魚バーベキューを楽しんでいたのは残念だが、靴もぬれてしまったので、帰るしかないかなと思っていた。しかし、Eちゃんは、涙ぐみながらも「帰らない」と言って、また魚を釣りに行った。気持ちの切り換えができたのは、このあそびがおもしろいというだけでなく、大好きな保育者に魚を持って行きたいという気持ちもあったのだと思った。

↑串刺しにしたお魚バーベキュー。

バーベキューで誕生日会

　ベンチいっぱいにバーベキューができると、Eちゃんの涙は乾いていました。みんなと一緒にバーベキューをパクパク。そうするうちにバーベキューを囲み、だれかが誕生日の歌をうたったので、誕生日会も催されました。そして「ごちそうさまー」と言うと、魚たちはベンチの上から東屋の床に落ち、ただの落ち葉に戻りました。

↑もっとたくさん魚を獲らなくちゃ。

↑網に載せて焼きまーす。

> 　Eちゃんの夏の経験がみんなのあそびを牽引した。ほかの子どもたちがした釣りも、きっと楽しい経験だったのだろう。友達とイメージを共有し、一緒にあそべた一日だった。

ちいさなたね保育園（神奈川県・横浜市）

11月22日～　2歳児から1歳児へのあそびの伝承

散歩の翌々日、再び子どもたちと山の公園へ行きました。Eちゃんをはじめ、2歳児はこの日もさっそくお魚バーベキューごっこを始めました。その姿をじっと見ていた1歳児。20日に散歩に行ったときは、2歳児が走ると後にくっついて、ただ追いかけて走ったりしているだけでした。でもこの日は、2歳児のまねをして沢に下りて行き、落ち葉や小枝を拾っていました。

ここがポイント

自分たちなりの参加の仕方であそべる場があると、自然に子ども同士のかかわりが生まれ、あそびが伝承されていく。

> 1歳児は、バーベキューが何かはわからない。でも、何か楽しそうなことをしている2歳児たちのまねをしてみたい。まねをするだけで楽しいのだと思う。場を共にしていることであそびが見え、声が聞こえ、興味がわくとまねをして、あそびに加わっていく。そのありのままの光景を見ているだけで、保育が楽しくなる。

3月13日～　再び山の公園へ

12月から2月くらいまで、山の公園は日が当たらなくて寒いので、もう少し近くの温かい日差しのある公園に出かけています。

3月に入り、気温が上がってくると、再び山の公園を目指します。この日はあいにくの雨だったのですが、子どもたちが行きたいというので、無理なら引き返そうと思いつつ、レインコートを着て出かけました。いつも大変な山道ですが、雨でより大変になりました。しかし、休みながらもみんな頑張って歩ききり、沢への階段を降りていきました。

沢に着くと、2歳児はさっそくお魚バーベキューを始めました。11月には見ているだけだった1歳児や0歳児も、今回は短い小枝を持ってまねをしたり、葉っぱを集めたりしはじめました。

← 沢が見えてきた！

→ 魚釣りしよう。

どこどこ

魚がいたよ

> 11月の散歩から4か月ほどたっていたが、子どもたちは山の公園やバーベキューごっこを覚えていた。しかも0歳児まで。これにはちょっと驚いた。異年齢というと友達関係をもてる3～5歳児というイメージをもっていたが、0～2歳児もこんなふうに異年齢であそべる。さらに、2歳児があそんでいた釣りやバーベキューごっこが、1歳児に受け継がれていっていることを感じた。

3月15日〜 お気に入りの探検バッグ

　13日の散歩の日が雨だったので、天気のよい日にまた山の公園へ行きました。以前からお散歩に行く際にはポリ袋などを持参していました。お魚バーベキューごっこ以来、自然物集めを楽しんでいたのと、お散歩のたびに家庭にお土産を持って帰りたいという子が多かったので、画用紙で探検バッグを一人一人に作ったのです。2歳児はちょうどセロハンテープを使いはじめたところだったので、周りを自分たちで留めたりして、担任と一緒に作りました。そしてこの日のお散歩に持参しました。

　この日のお散歩での大発見は、芽の出ているどんぐりでした。今までのどんぐりと違うといって、珍しがり、夢中になって探していました。

> 芽の出たどんぐりを見つけたとき、子どもたちは大喜び。今までのどんぐりと違うといって、見つけると取り合いながら、探検バッグに大事そうに入れていた。特別な物、自分だけの物を入れるバッグはみんなのお気に入りになった。

← 自分で作ったお散歩バックを持って。

ここがポイント

一人一人の持ち物を手作りすると、子どもたちはうれしい。自分だけの特別な物を持って行くと、いつもの散歩がより楽しくなる。

↓ ちょっと長くなった釣りざお

3月19日〜 はしを作ろう

　この日は、いつもの山の公園と違う場所に散歩に出かけました。お魚バーベキューもしたのですが、よく見ると、釣りざおが少し長くなっています。2歳児が少し長い小枝を釣りざおにしているからかもしれません。同じあそびをしていても、少しずつ楽しみ方は変化しているようです。

　2歳児は、今年に入ってからはしを使いはじめたのですが、お魚バーベキューの中でも、はしを作ろうとする子が出てきました。小枝を折って作っているのですが、折るには結構な力がいるのと、2本の小枝を同じ長さにしようとするので、なかなか仕上がりません。それでもなんとかほぼ同じ長さにして、葉っぱなどを挟んだり、刺したりして、食べるまねをしてあそんでいました。

↑ 出来上がったはしで、上手に挟めるかな。

ここがポイント

子どもは見て学ぶことが多い。教えられなくても覚えられることも多い。生活の中で、取り巻く環境の中で学んでいく。

ちいさなたね保育園（神奈川県・横浜市）

お散歩の中で

　公園へのお散歩はこうして、今も続いています。お魚バーベキューごっこを続けている子もいますし、はし作りに夢中な子、水の音を聞くことに興味を示している子、水にふれることを楽しんでいる子、かくれんぼを喜ぶ子など、散歩のたびにそれぞれが楽しいことを発見しています。

↑今日は何してあそぶ？

→山の公園のベンチでかくれんぼ。

↓ぺったり座って釣りをする0歳児。

> 　散歩の楽しさは、五感で感じることだと担任同士でいつも話し合っています。自然の中にある音、匂い、目にする動植物、土や水の感触など、園の中では経験できないものを求めて、散歩を楽しむように心がけています。また、子どもたち自身が発見や気づきを楽しめるような工夫を心がけて、一緒に楽しみたいと思っています。

0〜2歳児の異年齢保育の中で

　0〜2歳児の異年齢保育では、0歳児だけの保育室では見られなかった子どもたちの姿に驚いています。0歳児でもままごと道具やキッチンセットなどがあるとお茶わんを洗うまねをしたり、コップに何かを注ぐまねをしたりします。もちろん、口に入れてしまうと危ない物には配慮しなければなりませんが、年上の子を見る0歳児の観察眼はすばらしく、積極的にあそぶ好奇心も予想以上です。「やってみたい」が言葉になりませんが、その思いを守り育てていく環境を工夫していけたらと思っています。

散歩をいかに豊かにするかが、学びの芽を育てる鍵となる

大豆生田 啓友

○園外に「あそびの拠点」があること
　この事例の最大の魅力は、園外にこれほど豊かな「あそびの拠点」があるということです。散歩は、単なる体力作りや発散の時間ではありません。どこの園でも、近隣にあそびが豊かになる散歩の拠点をもちたいものです。特に、自然環境はあそびの材料が豊かで、イメージや試行錯誤を広げる可能性を秘めているのです。

○イメージが共有され、あそびが豊かになる
　バーベキューのあそびがなぜ盛り上がったかといえば、それは保育者がEちゃんの言葉を受け止め、彼女のすることに丁寧に応じたからです。そこから、イメージがどんどん広がっていきました。そのイメージのおもしろさがほかの子どもたちにも見えることで、環境がどんどん作り変えられ、豊かで対話的な学びになったのです。園外と園内のあそびがつながっていることもとても大切です。園内で探検バッグを作ったことが、次回のあそびへのわくわく感へとつながっています。

○異年齢のかかわりが豊かな模倣を生み出す
　小規模保育だからできるのかもしれませんが、0〜2歳児の異年齢保育もとてもよい影響を与えていることがわかります。異年齢でおもしろいことへの模倣が起こるのです。また、年齢などによって散歩の楽しみ方が違っても、楽しいという雰囲気が伝播して、それぞれのあそびがわくわくし始めるのです。ここが大事です。

4歳児クラスの実践

都跡こども園
（奈良県・奈良市）

- 平城宮跡・薬師寺・唐招提寺など世界遺産に囲まれた閑静な園。子ども自らがあそびに主体的にかかわり、「もっとおもしろくしよう」と試行錯誤する姿を大切に育んでいる。
- 全園児161名。3歳児は50名、4歳児54名、5歳児57名。各学年とも2クラスの編成。

子どもの思いに沿って、計画は臨機応変に

7月の公開保育に向けて夢中になっているウォータースライダーを
取り上げようとしっかり書き込んだ指導案。
しかし、当日、子どもたちが始めたのは、相撲と称する取っ組み合い。
公開保育なのにどうしよう……。
子どもの姿に沿って思いきって環境を作り、
方向転換をしてみると……。

6月初め頃〜　泥だんごより自分たちが滑ったら？

↑最初はおそるおそる……

6月の初めくらいから子どもたちの間で、泥だんごを作り、築山にある木製のへり（滑り台のように見える）から転がすあそびがはやっていました。泥だんごが転がる様子を見たり、途中で崩れることを喜んだりしながら、繰り返しあそんでいました。

そんなある日、一人の子が「泥だんごの代わりに、自分たちが滑ったらどうかな」とつぶやき、滑りはじめました。すると周りにいた子も、その姿を見て、すぐにまねして滑りはじめました。最初は滑り台を滑るようにおしりをついて繰り返していましたが、しばらくするとただ滑るだけでなく、いろいろな滑り方をする子が出てきました。テレビのヒーローになったつもりで「○○キック！」と言って滑る子や、「こんなポーズはどうかな」と友達と話し合ってさまざまなポーズを試す子、段ボール板を持ち込み、おしりの下に敷いて滑る子など、新しいアイディアが次々と生まれてきました。

↑慣れてきたら「おしりだけで滑れるよ」。

園庭は3・4・5歳児が一緒に使う場になっているので、3・4歳児は5歳児の姿を日々目の当たりにしている。年上の子のアイディアは、小さい子どもたちにとって、おもしろく、刺激になっている。

↑「○○キック！」

都跡こども園（奈良県・奈良市）

子どもの発見を大切に受け止める

その後、滑り台に見立てたへりであそぶ子どもたちは、へりをもっと滑るようにしようと話し合うようになりました。一人の子が砂を持ってきて、へりにまき、段ボール板を敷いて滑るとよく滑ることを発見したのですが、滑りはよくなったものの、滑りすぎてやや危ない場面も見られます。

↑ ちょっと砂をまいてみたら……。

💬 のびのびとあそばせたいが、固定遊具の滑り台と違い、つかまる場所がない。立ったまま滑る子もいて、あそぶ人数も増えてきていた。しかし、ここで「危ないからダメ！」としてしまうのも何か違う気もしたので「みんなで滑るには狭いから、築山の芝生の斜面に移るのはどうかな」と子どもたちに声をかけ、話し合って移動した。

ここがポイント

子どものアイディアは、時に危険なこともある。すぐに「ダメ！」と言うべきときもあるが、「ダメ！」とは言わず、子どもの思いが途切れないように言葉をかけることが必要だったり、環境を変えたりすることであそびが広がる場合もある。

6月後半〜　どのくらい滑るか試したい

芝生の斜面では担任も一緒に滑ってみましたが、子どもと違って体重が重いので、うまく滑れませんでした。そこで、子どもたちに「芝生の丘に段ボールを敷き、そこを段ボールで滑ってみたらどうかな」と声をかけました。これをきっかけに、持っていっていたいろいろな大きさの段ボールを使って、滑る子たちが現れました。

よしっ、登ろう

なかなか進まなーい

↑ キャタピラーで芝生の斜面登り。

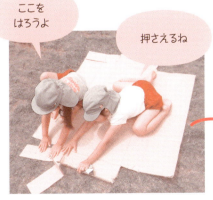

ここをはろうよ　　押さえるね

↑ 段ボールを重ねて……。

楽しい！

↑ 段ボールに乗って、斜面を滑る。

💬 安全面を考えて芝生の丘に移動したが、「さっきより滑る」→「おもしろい」→「もっと滑りたい」「やっぱり楽しい」という思いから、「こんなふうにしたらどうだろう」と考える子が続々と現れた。

水をまいたら、どうかな？

そんな中、段ボールのキャタピラーで斜面登りをしている子どもたちはとても暑そうでした。保育者がレジャーシートを倉庫から持ってくると、去年の5歳児の様子を見ていた子どもたちは、さっそくレジャーシートまでバケツで水を運び、水を流して滑りはじめました。「すごーい！今までいちばん滑る！」「おもしろーい」「ウォータースライダーみたい！」とすぐ夢中になり、何度も何度も水を流しては滑って楽しんでいました。

↑ウォータースライダーの誕生。

ここがポイント

保育者が提案をしたり、物を出したりするときは、子どもの姿を見て次の行動を予測し、タイミングを見計らって行う。そのタイミングをつかむには、子どもが見て、感じている世界をともに見て、感じ、想像すること。

もっと水まいてー

いくよ

子どもたちと一緒にいろいろな滑り方をしているうちに、保育者自身も「暑くなってきたなあ」と感じていた。倉庫の中にちょうど細長いレジャーシートのようなビニールがあったので、子どもたちに渡すと、みんな大喜び。参加する子が増えていった。築山のへり滑りから始まり、芝生の斜面へと場所を変えても、滑ることは継続していた。子どもたちが自分たちで始めたあそびであり、楽しい滑り方や場所の滑り具合なども試しながら追究してこられたことがよかった。
　7月に公開保育があり、そのときのねらいに「体を動かしてあそぶ」ことが含まれていたので、このウォータースライダーのあそびを取り上げようと思った。

7月　公開保育なのに?!

公開保育の指導案には、先の芝生の斜面で行うウォータースライダーを主なあそびとして載せ、どう展開をしていくのかを予測して書いていました。

しかし公開保育当日、何人かはウォータースライダーに飽きたのか、斜面の下で取っ組み合いを始めたのです。普段から戦いごっこが好きな子どもたちでしたが、ちょっとした小競り合いのようにも見えたので、慌てて「どうしたの？」と声をかけると、「相撲、相撲。相撲をしていたんだよ」と、子どもから相撲という言葉が出てきました。小競り合いではなく、「相撲をしていたんだね」と確認し、その子どもたちの近くにあった緑色のビニールシート（芝生の斜面滑りで使っていたので、少しぬれていた）で、その場に土俵のようなものを作ったのです。

↑力が入る押し相撲。

↑急ごしらえの土俵でお相撲。

公開保育のために考えたあそびの内容には記載していない予測外のあそびが始まり、少し驚き、焦った。しかし、公開保育当日の保育の「ねらい」は、水を思いきり使うことや体を動かすことだったので、相撲ならいいかもしれないと、子どもの思いに沿ってそのまま進めることにした。

「やってみたい」気持ちがあふれ出てきた

　土俵を作ったことで、楽しそうな姿に吸い寄せられ、ほかの子どもたちが集まってきました。土俵にしたビニールシートがたまたまぬれていたことで、土俵がつるつる滑り、いつも相撲をすると勝つ子や力の強い子が負ける場面もあり、勝敗の行方がわかりません。相撲をとる様子を見ているのも、おもしろかったのです。様子を見て、さっそくバケツに水をくんでくる子もいました。

　子どもたちは何度も何度も交代しながら、夢中になって相撲をとっていました。

滑って出ちゃう

足を滑らせて、つるつる〜。気持ちいい。

↑たくさん水をまいたほうがおもしろい!?

　滑るあそびを楽しんできた経験が、違うあそびの中で生きてきた。また、よく見ると、相撲そのものを楽しんでいる子、相撲よりも土俵が滑ることを楽しんでいる子、水を運んできて土俵に水をかけることを楽しんでいる子もいて、一つの環境をきっかけに、子どもが自分から好きなあそびを展開していく過程がよくわかった。

ここがポイント

子どもたちの思いに沿ってあそびを進めると、子どもたちは自分の経験をもとに、自力であそびを考え出していく。

7月半ば頃〜　「行司役はAちゃんがいい」

　公開保育で行った相撲は、その後、子どもたちによって「水相撲」と命名されました。水相撲は、大流行。公開保育後から毎日毎日、水相撲をしてあそんでいます。といっても、あそび方は少しずつ進化してきて、水相撲をするときには、いくつかの役割ができてきました。

　土俵の水まきが好きだった子どもたちは、水かけ係になり、水相撲をしている様子を見てきた4歳児のAちゃんは、行司役になりました。このAちゃん、呼び出しがとても上手で、友達の名前を入れた四股名を自分で作り、「○○山〜」「△△の海」などと呼び出してくれるので、「行司役はAちゃんがいい」ということで選ばれたのです。

のこった、のこった

わあ、冷たい！
↑水かけ係は景気よく!?　洗い桶でザブーン。

↑動きがダイナミックに。

　実はAちゃんはとてもおじいちゃん子で、おじいちゃんと一緒によく相撲放送を見ていて、相撲が大好き。興味をもった行司の言葉を、いつも披露してくれている。水かけ係もこの頃には、ただ水をかけて楽しむだけでなく、水をかけることでスタートの合図をする係になっていた。

4歳児クラスの実践　子どもの思いに沿って、計画は臨機応変に

7月半ば頃〜　「先生に勝った！」

みんなでかかれー！

　もともと体を動かして、取っ組み合いや戦いごっこをするのが好きな子どもたちでしたが、こんなに水相撲が続いていくとは思いませんでした。

　また、継続してあそんでいく中で、一つ気づいたことがあります。あそびを続けていくと、子どもたちは自分たちで考えて、工夫していく様子が見られるということです。行司やスタートの合図など役割やルールを作ったことだけでなく、子どもたちが水相撲をしている様子をよく見てみると、水相撲の技術や作戦を考えるなど進歩していたのです。はじめは腕で押し合うだけだった子も、腕だけではなく、体を使い、膝を曲げて力を入れて押すようになってくるなど変化してきました。私も一緒にずっと水相撲を楽しんできましたが、これまでは何人ととっても負けなしでした。

　しかし、試しに保育者対子どもで、子どもの人数を1人ずつ増やしながらとってみると、7人と対戦したとき、ついに負けてしまいました。「やったー！先生に勝った」とみんな大喜びでした。

> あそび込むうちに、子どもたちは自然と体の使い方がうまくなり、こつをつかんでいた。水相撲をするとき、髪の毛を引っ張る、顔をたたくなど危険なことをしてはいけないといくつかの注意はしたが、相撲のとり方を教えてはいない。しかし、子どもたちはあそびながら、いろいろなことを学んでいた。

↑低い姿勢からの攻め。

ここがポイント

保育者が教えなくても、子どもはあそびの中で気づいたことや体得したことを話し合い、「もっと○○しよう」と考えている。子ども同士の対話を大事にする。

9月初旬〜　オリジナル四股名で土俵に

　水相撲が盛り上がってきたので、ある日、相撲の絵本を読み聞かせたいと思い探したところ、『はっきょい畑場所』（講談社）という本を見つけました。畑でいろいろな野菜が相撲をとる話なのですが、それぞれの野菜の特徴が取り口によく出ていて、四股名もおもしろいのです。読み聞かせの後、さっそく四股名にこだわる子どもたちがいて、自分で新たに四股名を考え、行司のAちゃんに「この名前で呼んでね」と注文する場面もありました。

↑待ったなし。スタート！

はっきょい、のこったのこった。

> 絵本の読み聞かせをしたことで、四股名を考えてくる子が出てきた。力士になりきって楽しみ、こだわりをもって取り組む子どもたちの姿に、あそびへの興味・関心の深まりを感じ、うれしかった。

ここがポイント

子どもの興味に沿って絵本などを探して提供するのも、時にはあそびを活性化するきっかけに。子どものイメージが広がるとともに、保育者の知識も広がる。

都跡こども園（奈良県・奈良市）

星取表!? の出現

9月初めのある日のことです。「水相撲をするのに、誰対誰って書きたいから、何か貸して」と言ってきました。この頃は子どもたちが中心となり、もう自分たちであそびを進めるようになっていました。あそびの中で必要な物があると、こんなふうに要求してくることもありました。保育者がホワイトボードを用意すると、さっそく紙に相撲に参加する子どもの名前を書いていました。また、ある子はそれを見て「磁石で紙を留めるとき、勝ったら白の磁石、負けたら黒にしたい」と言うので、磁石も2種類用意しました。

💬 勝敗へのこだわりが強くなり、ついに星取表を作った。しばらく楽しんでいたが、長い間あそんできたので、2学期はどうかなと思いながら、9月にも水相撲の準備をした。結局、9月の初め頃まで続けていたが、その後、運動会に向けてリレーやダンスなど体を動かすあそびをしていくうちに、子どもたちの興味は移っていった。

ここがポイント

子どもの要求は、子ども自らがあそびに積極的にかかわっている姿の表れ。必要な物はできるだけ用意し、子どもが思いを実現できるようにしていく。

↑スタートで頭をつける技。

↑土俵際のいい勝負。

子どもの発想を妨げない環境で

ちょうど3年ほど前、職員間で「子どもが自分からあそびに主体的にかかわったり、作ったりする姿をもっと大切にするにはどうしたらいいのだろう」ということで、園庭の環境を見直しました。園庭にあったブランコやジャングルジムなどの既製の物を取り払い、坂や丘など起伏のある自然の土地をそのまま生かし、なるべく子どもがその場をどう使うのかを考えられるようにしたのです。この水相撲のきっかけになった泥だんご作りは毎年のように見かける姿ですが、その年によって子どもたちのあそび方は違い、あそびの広がり方も違っています。子どもが園庭をどう使うのか、子どもの発想を妨げない環境の大切さを実感しています。

環境に応じた子どものあそびに応じることが、あそびを深める！

大豆生田 啓友

○あそびに適した場に替える提案

泥だんごから体で滑ることになったとき、保育者は場を替える提案をしています。あそびがよりよく展開するための場を見極めて提案することは大切です。結果的に、場を替えたことが、豊かなあそびを生み出すことになりました。

○「なってみる」ことで物の気持ちを実感

子どもは泥だんごが坂を滑るのではなく、自分が滑ることへとあそびを替えました。それは、自分が泥だんごに「なってみる」ことにより、実感するあそび方です。自分が体感するわかり方はとても重要な学び方と言えるでしょう。

○さまざまな道具で実験

段ボールをキャタピラのようにしたり、レジャーシートを使って、さらに水を流したりするなど、坂を下るあそびをよりおもしろくするために、子どもは多様な道具を工夫して使っています。こうした試行錯誤が大切です。

○あそびが変わることにも応じる

その後、さらにあそびは相撲へと変化します。一見、まったく別のあそびのようですが、芝生の上でシートを引いて、その上に水をまいて滑ったりしながらあそぶというあそび方の延長だとも言えるのです。まさに、環境からあそびを促されているとも言えるでしょう。それに応じた保育者の対応は、とてもふさわしいと思われます。同じ活動が展開することが、あそびを深めるとは限らないのです。

3〜5歳児クラスの実践

ひだまり保育園
（東京都・世田谷区）

● 東京都世田谷区の住宅街にある。地域の商店街や保護者との連携を大切に、子どもたちが自分からあそび、その中で学べるように温かい環境を作っている。2017年度12月から、3〜5歳児は年齢別保育から異年齢保育に変更。
● 全園児85名。3〜5歳児は1クラス19名。

異年齢で試行錯誤を楽しめる環境
—水への興味がつながって—

昨年の新年度への移行期間に子どもたちがあそぶ姿を見ていて、気になったのが「できないからやって」と頼る姿や、集まりで友達の話を聞いていない姿などでした。あきらめないことや自分のことを自分で決める力、友達を大切に思う気持ちは、どうしたら育つのでしょう。

3月初旬〜　水路の水を持って帰りたい

3月の移行期に、2〜4歳児で近隣の広場などへ散歩に出かけました。よく行く広場には水路があり、子どもたちは訪れるたびに水路に石を積んでダムを作ったり、葉っぱを浮かべたりと、水にふれてあそんでいました。

散歩に行くときは、子どもたちが興味をもった自然物などを集めて持ち帰れるように、いつもポリ袋を持参していますが、ある日、一人の子が「ポリ袋がほしい」と言うので渡し、何に使うのか見ていると、ポリ袋の中に水を入れて口を留めました。「ふにゃっとして気持ちいい」とポリ袋を水風船のようにして感触を楽しみはじめたのです。

それを見た周りの子どもたちもすぐにまねをして、ポリ袋に水を入れて押したり、袋の中の水越しに周りの景色を見たりしていました。帰り際、この水を宝物にして「持って帰りたい」と子どもたち。持って歩けるかなと思いましたが、持ち帰ることにしました。

↑お気に入りの水路。

↑石を積んでダム作り。

💬 水路の水を持ち帰ることは予測していなかったが、子どもにとっては、園にある水とは違う特別な水なのだと思い、持ち帰ってみることにした。しかし、水を入れたポリ袋は持ってみると重いので、水の量を減らす子、小さい子の分も持ってくれる4歳児なども出てきて、子どもたちなりに工夫して持ち帰ろうとする様子が見られた。途中休憩は必要だったが、なんとか園まで持ち帰った。

↑3歳児のAちゃんは、大きい子が次々にビニール袋に水を入れているため、なかなか自分の袋に水を入れられなかったが、水の出てくるところでくめばいいことに気がついた。

ひだまり保育園（東京都・世田谷区）

3月下旬〜　丸いまま固めたい！

↑宝物を丸いまま固めたい。

前のときは水を持ち帰ったことで、満足した子どもたちでしたが、ある日、また水を持ち帰った4歳児のSちゃんが、水を入れてパンパンにしたポリ袋を「丸いまま固めたい！」と言ってきたので「どうやって固めるの？」と聞きました。「冷蔵庫で固めたい」と言うので、担任が事務所で使っている冷蔵室まで一緒に行って、「どこに入れる？」と尋ねると、「冷凍庫」とSちゃん。

一緒にポリ袋を持ってついてきたほかの子は冷蔵室に入れると言うので、それぞれが入れたい場所に入れました。

翌日、ポリ袋を出していると、何人かが興味をもって集まってきました。しかし、冷蔵室に入れた子のポリ袋は固まらず、Sちゃんと何人かが冷凍室に入れたポリ袋は、下の方が少し平らになったまま凍っていました。でも、Sちゃんがイメージしていたような丸い氷はできていませんでした。

ここがポイント

子どもの思いに乗って必要な環境を提供することも大事。「今、ここでやりたい」という思いを大切にすることが、周りの子どもたちの興味・関心を刺激することもある。

> 水路からくんできた水を事務室の冷蔵庫に入れることや、冷蔵庫をあそびに使うことにやや抵抗はあったが、「今、やってみたい」子どもの思いを優先することにした。冷蔵室と冷凍室の違いを伝えようかとも思ったが、このときは区別がついているのか知りたくて、黙っていた。冷凍室を選んだSちゃんのような子もいたが、5歳児でも冷蔵室を選んだ子どもたちがいた。しかし、徐々に全員が冷凍室と冷蔵室の役割の違いを知るようになった。

氷作りで試行錯誤

その後、丸い氷を作ることにこだわったSちゃん。何度かチャレンジしましたが、ビニール袋ではうまくいかないので、担任が風船を使ってみることを提案しました。すると、さっそく風船を膨らませましたが、水を入れずに冷凍室へ。

そんな中、Sちゃんが風船に水を入れていないことに気づいた子が「水を入れないと凍らないんだよ！」と教えてくれました。ついにその日、丸い氷ができ、Sちゃんは大喜びでした。

↑水なしで冷やした風船。子どもたちは風船が少し小さくなっていることに気づいた。

> ビニール袋に水を入れて凍らせることを何度も経験していたのに、風船に水を入れることに気がつかなかったSちゃん。本当の意味で「水が凍る」と知ったことは、Sちゃんにとって大発見だった。大人が当たり前と思っていることも、子どもにとっては常識ではないと、改めて気づかされた。

↑ついにできた丸い氷！

とけた氷は大きくならない!?

一方、4歳児のYちゃんは冷凍室から取り出した丸い氷が気に入り、触り続けていました。氷はどんどんとけて小さくなっていきます。慌てたYちゃん。氷を冷凍室に戻し、しばらくしてから何度も冷凍庫の中をのぞき、「大きくなってない」とつぶやいていました。

> 丸い氷ができているのを見て、氷に興味をもち、ふれてみたYちゃん。触った氷はとけても、冷凍室に入れれば、元に戻ると思ったようだ。しかし、何度か試しているうちに、とけた氷をもう一度冷凍室に戻しても大きくならず、とけると水になることに気づいた。

ここがポイント

大人が答えを言ってしまうのは簡単だが、子どもが不思議に思ったことを教えるのではなく、子どもの疑問に寄り添い、必要な物は何かを考えて用意し、見守る。子どもが自分で発見したり驚いたりしたことが、深い学びにつながっていく。

↑まずはバナナの皮をむいて……。

↑丁寧に切って……。

3月末〜 絵本をきっかけにチョコバナナ作り

子どもたちは、いろいろなものを凍らせることを楽しんでいました。次は何を凍らせようかと話し合っていたのですが、ちょうどチョコバナナを作り、凍らせる話が描かれている『ばななちゃん』（偕成社）という絵本が保育室に置いてありました。おいしそうなチョコバナナを凍らせたら、さらにおいしくなるのでは？というのが子どもたちの意見でした。

このとき、「チョコバナナ」という言葉を聞き、今まで氷作りに参加していなかった子どもたちからも「やりたい！」と声が上がったので、クラス全員で作ってみることにしました。

> 氷作りは盛り上がっていたが、まだクラスの一部の子どもたちだけだった。氷という素材の魅力をクラスのみんなに伝えたい、クラスでおもしろいことを共有してほしいという思いがあった。ちょうど、絵本をきっかけに子どもたちが盛り上がってきたので、実践してみることにした。

「このくらい？これを凍らせるよ。」「うん」

↑とかしたチョコレートを付ける。

〜4〜5月〜 きれいな色を作りたい

ある日、氷作りをしている子たちが園庭の花を摘んで入れた氷に、たまたま土が混じり、氷に色が付きました。「どうやって色を付けたの？」と不思議がる4歳児たち。それを見て、「もっときれいな色水を作りたい」と言う子が出てきたので、絵の具とクレープ紙を用意しました。

↑お花が凍った！

↑絵の具を出すと、すぐに色水作りが始まった。

3月末に読んだ『こおり』（福音館書店）という絵本には、かき氷のことが載っていたので、色水を凍らせるということをすぐに思いついたようだ。土の色水は偶然できたものだったが、絵の具で色水を作った経験は今までにもあったので、担任がクレープ紙を同じ大きさに切り、1枚ずつペットボトルに入れ、色水の濃さが変わるのを見せた。クレープ紙の色水は透けて見えるので、きれいな色水ができる。きれいな色を作りたいと言っていた子は、透ける色が気に入ったらしく、クレープ紙を使うようになった。

↑同じ大きさに切ったクレープ紙を用意。ペットボトルの水の中へ。

↑クレープ紙をもう少し入れて……。きれいな色になった。

Kちゃんの緑は……

クレープ紙の色水作りが盛んになる中で、3歳児のKちゃんは、特に緑色の色水作りにこだわっていました。担任が見るとそんなに色の差はないように思えましたが、Kちゃんは毎日クレープ紙を少しずつ水に入れながら、イメージした緑色を作ろうとしていました。

その様子を見ていた4歳児のSちゃん。ある日、Kちゃんのそばへ行き、要望を聞きながら、いろいろな緑の色水を作って見せました。Kちゃんが「これだ！」と納得すると、「Kちゃんの緑は青2枚と黄色1枚だな」とSちゃん。こうしてKちゃんの緑色が完成しました。

「Kちゃんの緑は、青をもう1枚かも……。」

「この緑じゃない……？」

↑Kちゃんの理想の緑を求めて……。

担任にはKちゃんの緑色がイメージできなかったが、Sちゃんにはわかっていた。Kちゃんの要望を忍耐強く聞き出したSちゃん。なんとクレープ紙の枚数を数えて、色の濃淡を見ていたので、びっくりした。

ここがポイント

異年齢であそぶ場では、さまざまな知識を伝え合う。子どもたちはあそびの中で対話をしながら学び合っている。

3〜5歳児クラスの実践　異年齢で試行錯誤を楽しめる環境 ―水への興味がつながって

↑この氷、大きくて入らない。

5月中旬〜

かき氷器に入る氷は？

この頃になると、ポリ袋で氷を作る子がさらに増えてきました。最初は水を凍らせるだけで満足していましたが、保育室にあったかき氷の絵本を見て、まねをしたいと5歳児。担任がかき氷器を用意すると、さっそく冷凍室から氷を出してきました。でも、ポリ袋で作った氷は大きくて、かき氷器には入りません。どうするのかなと見ていると、5歳児が「カッターで切ろう」「はさみで切ればいい」と口々に言いだしました。

すると、4歳児のRちゃんが「お湯でとかしたら？」と提案しました。少しお湯をかけてはかき氷器に入れることを繰り返すと、時間はかかりましたが、無事成功。

そんな中、3歳児のSちゃんが『こおり』の絵本を見て、「この形の氷なら、入るんじゃない？」と製氷皿の絵を指しました。さっそく5歳児のHちゃんが製氷皿を探してきて、改めて氷を作り、できた氷がかき氷器に入ると、みんな満足そうにしていました。

↑とかして小さくしたら、やっと入った！

←ついにできたかき氷！

> 「氷をお湯でとかして小さくする」「製氷皿を使う」ということに気づいたのは、5歳児ではなく、3歳児のSちゃんだった。アイディアは年上の子がもっていると思っていたが、そうとは限らないということがわかり、興味深かった。

6月末〜

塩の氷作り

氷を作るあそびのほかにも、4月から並行して行われているあそびがいくつかありました。その中のハンバーガー屋さんごっこでは、ポテトを「作りたい！」ということから、実際にハンバーガー屋さんへ見学に行きました。お店では、油で揚げたポテトに白い粉を振っています。それが塩だと知った子どもたちは塩に興味をもつようになりました。そのことを保護者にドキュメンテーションで伝えたところ、子どもたちが家庭からさまざまな塩を持参するようになりました。集まってきた塩をほかの子も見られるように保育室に置いていたので、氷作りをしていた子どもたちの目に留まり、「塩の氷を作りたい」と言う子が出てきたのです。

↑塩水も凍るのかな？

8月〜 さまざまな素材に興味が広がって

塩の氷作り以降、氷の色や形だけでなく、凍らせる素材にも目を向けるようになり、石けん水なども凍らせてみました。

そのころ、以前からスライム作りをしたいと言っていた子どもたちがいましたが、うまく作れませんでした。ちょうど夏休みで小学生ボランティア（卒園児）があそびに来たので、作り方を教わることに。出来上がると、子どもたちは大喜びで、その後はスライムあそびに夢中になりました。

9月に入ると、「スライムを氷にしたい」という3歳児が出てきたので、凍らせてみました。また、氷に空気が入ると気泡で模様ができることに気づいた子もいて、最近は氷に懐中電灯を当てて楽しんでいます。

↑スライムで凍らせてみた。

ここがポイント

保護者とも子どもたちとも情報共有をすることを大切にする。また、情報はわかりやすく可視化して、みんなの目に入る場所に展示することで、あそび同士が融合し、さらに深まったり、広がったりしていく。

> 塩の氷を作り、普通の氷と違うざらざらした感触に気づいたことがきっかけとなり、いろいろな素材を凍らせてみることに興味が広がっていった。塩を保育室に展示しておいたこともよかったのかもしれない。意外だったのは、5歳児はこうしたら、こうなると頭でわかっている分、試さないで終わることが多かった。むしろ、小さい子どもたちから発想が生まれ、その発想に5歳児たちが刺激されていた。

子ども自身のもっている力を信じて

新年度への移行の期間も含めて約10か月、異年齢で子どものあそびと環境を見てきました。記録を振り返ると、日を追うごとに子どもたちが変わっていくのが実感できました。自信がなく、一方的に友達の言うことを聞くことが多かった5歳児が、今は積極的に小さい子のお世話をしています。自分の好きなあそびが見つかった子は、友達や保育者を頼ることが少なくなり、自分で考えて行動するようになりました。また、うまくいかずに泣くことはあっても、「できない」とあきらめることは少なくなってきました。

これからも子ども自身の思いを大切にし、のびのびと対話ができる環境を模索しながら、子どもがもっている力を育んでいきたいと思っています。

協同的な探究を支えた、保育者の応答的なかかわりと環境を提供する大切さ！　　大豆生田 啓友

○散歩からの発見
最初のスタートは散歩でした。自然物を発見したら拾って園に持ち帰れるようにポリ袋を用意しているという姿勢が大切です。だから、園外からおもしろさが持ち込まれ、園内での広がりにつながったのです。

○「丸く固めたい」に応じるかかわり
水を「丸く固めたい」という素朴な問いかけに応じようとする保育者の姿勢もすばらしいです。風船のアイディアのように、ときには保育者が意見を出すこともあります。この保育者の応答的なかかわりと環境の提供がなければ、この先の展開はなかったでしょう。園外と園内のあそびがつながっていることもとても大切です。園内で探検バッグを作ったことが、次回のあそびへのわくわく感へとつながっています。

○絵本によるあそびの共有と広がり
一部の子どもの活動をみんなに広める場が集まりの場ですが、そこで絵本を使ったこともよかったようです。氷がテーマの絵本を取り上げることで、自然と氷への関心がクラスの中で共有されると同時に、広がっていきました。

○いろいろな素材の氷作りへの協同的な探究
氷への関心は、花を凍らせる、クレープ紙での色水作り、かき氷作り、塩の氷作り、石けん水やスライムの氷など、子どもたちの探求は次から次へと続きます。こうした協同的な探究の背景には、素材との出会いの手応えがあったことに加え、異年齢のかかわりも生かされていることがわかります。

5歳児クラスの実践

かぐのみ幼稚園
（神奈川県・逗子市）

- 神奈川県湘南の一角に位置し、三方を小高い山にすっぽり囲まれ、恵まれた自然の環境の中にある。創立70年の歴史がある園。造形表現活動を大切にしている。
- 5歳児は2クラス65名。全園児184名。

子どもがデザインする園庭環境

園庭の固定遊具の使い方が違う……。
でも、どう使うかを考えるのは子どもたち。正しい使い方をしないと、安全に使えないと……という思いを一度取り払い、見守ることにしました。
思いきりあそぶ子どもたちの姿から見えてきたのは、生き生きとした表情で、あそびを通していろいろなことを学んでいく姿でした。

11月〜 忍者ごっこのスタート！

秋の心地よい気候の中、体を動かすのが好きなKちゃんが高い所からジャンプしたり、少し離れた場所へ飛び移ったりするあそびにチャレンジしていました。「先生、見てて！　こんなことできるよ」と、ジャンプをしながら飛び石渡りをするように、タイヤやアスレチック遊具を渡っていきました。「Kちゃん、すごいね！　見てごらん」と共感し、周りにいた子どもたちに伝えると、その姿を見て、「僕もやってみよう」とRちゃんとTちゃんたちがまねしはじめました。

忍者には修行の場が必要!?

今日は何をしようかと話したとき、KちゃんのまねをしてあそんでいたTちゃんが「どんなあそびがしたい？」とクラスのみんなに投げかけました。すると、「忍者ごっこ！」「忍者、忍者」という声が上がり、みんなも賛成しました。

そこで、担任が「忍者ごっこをするには何が必要かな」と子どもたちに尋ねると、忍者は修行をしないとならないので、修行をする所を作ろうということになり、園舎裏の廃材置き場から、使えそうな物を運びました。

園舎の裏の廃材置き場には、運動会や大型の造形物などに使い、また使用できそうな物（山から持ってきた木の枝や板、プラスチックブロック、れんが、酒瓶ケース、タイヤ、ひも、木材など）を収納してあり、必要なときにはいつでも使えるようになっている。

↑ 最初は低めの所から飛び降り……。

→ リズムよくタイヤ伝いにジャンプ。

かっこいい！

← 高い所からジャンプ！

10月の健康祭り（運動会）が過ぎると、年長児たちは、その経験から体を動かすあそびやルールのあるあそびを楽しむようになる。Kちゃんたちを見ていて、やや危険そうな場所からジャンプをする子も見られたので、この機会に運動の得意な子も苦手な子も、みんなが安全で自由に体を動かして楽しめる場を、子どもの発想を生かして作ろうと思った。

ここがポイント

子どもたちが思いついたことをすぐに実現できるように、素材は種類豊富に小物から大型の物まで用意しておく。

かぐのみ幼稚園（神奈川県・逗子市）

12月〜
忍者修行のコース作り、スタート！

最初に子どもたちがイメージしていたのは、バランスをとりながら歩く橋やよじ登る山、くぐったり、滑ったりすることができるものでした。かぐのみ幼稚園では、今までも大型の造形物を作ることがよくあり、このときは自主的に、作りたい物ごとのグループに分かれて、材料を運びだしました。

はじめは木の枝を積み上げたり、タイヤを重ねたり、丸太や木の板をつなげたりしていました。出来上がるとその上を歩いてみたり、よじ登ったり、飛び降りたりして試し、もう少しこうしようと話し合って改良しています。

← この木がいい。

→ よし、一緒に運ぼう。

> 今までの経験から、自分たちで話し合って作り方を考えていく姿がたくましかった。忍者の修行コースを作る前に「修行」とは、どんなことかがわかるように、『にんじゃ つばめ丸』（ブロンズ新社）という絵本を読み聞かせたので、行うことのイメージが具体的になり、意欲的になったようだ。いつもはよく言い争いをしている男の子たちも、このあそびの中では、重い材料を協力して運んだり、あそんだり、自ら順番を作って忍者修行ジャンプを楽しんでいた。

← 材料を運んで、並べて……。

「危ないからだめ！」と言うのも違う気がして……

木枠などを積み上げ、しばらくするとよじ登った子どもたち。でも、ジャンプしてみると物足りなかったらしく、高さが足りないことに気づきました。すると今度は、自分たちで作った台の上にござをかけく、高低差のある物を作りはじめました。

しかし、中には固定していない板を渡ったり、登ったりしている危ない場面もあり、目が離せません。けがをしないように見守っていました。でも、子どもたちの思いを遮りたくなくて、「危ないからやめなさい」という言葉を飲み込みました。

↑ 不安定な製作物にハラハラ。

> ハラハラ、ドキドキする場面もあったが、子どもたちがどのように考え、工夫していくのかを楽しみにして、あえて「だめ！」と言わないようにした。すると、「このままだとグラグラする」「危ないよ」という子ども同士の会話が聞こえたので、改良に向けてどうしたらよいか問いかけ、少しアドバイスをした。

ここがポイント

これは危ないという経験をしなければ、危険なことや危ない物には気づけない。危険を回避する力は、生活やあそびの中で学び、養われていく。

5歳児クラスの実践　子どもがデザインする園庭環境

1月〜 経験を生かして素材を使う

↑改良を重ねた滑り台。

危険に気づいた子どもたち。もう少し安定させるにはと材料を探し、試行錯誤し、大型積み木を積み上げ、滑り台を完成させました。一方、同じような素材を使っていても、囲いにこだわる子どもたちもいれば、屋根を作って忍者の部屋や屋敷作りを楽しんでいる子もいます。忍者屋敷のイメージを膨らませた子どもたちは、木枠や板を組み合わせ、作ったり壊したりすることを何度も繰り返し、ついに迷路や部屋、みんなのあそぶ場所まで自分たちで作りました。

↑素材を立てかけていただけで不安定な橋？

↑倒れるから、ひもで縛ろう。

ここがポイント

子どもの見立て、イメージ、それを実現するプロセスが大切。あそんで作る、作りながらあそぶなどの試行錯誤をすることで、あそびが広がっていく。安全面のことは大人の確認が必要だが、そのサポートが勢い付けの土台にもなる。

ジャンプしたりくぐったりする修行ができるサーキットのようなものをイメージしていたが、それだけに留まらず、忍者屋敷を作ったのは予想外だった。この日の帰りの話し合いの際、「何を作ったの？」と尋ねると、Rちゃんたちが家を作ったと教えてくれた。その中で、Aちゃんが「屋根が難しかったけど、Tちゃんのアイディアすてきだったから、そのことを言ったら、教えてくれた（板を渡してござをかける方法）」と生き生きした表情で報告してくれた。
　ただ家を基地にする発想はよかったが、安全面が課題になった。どうしたら丈夫になるかTちゃんの発想を基に、金づちやくぎ、のこぎりを使っての活動が始まった。

1月中旬〜 一人一人の忍者のイメージが広がって

忍者屋敷作りはあそびながら改良し続け、まだ完成していません。前日に、新たに忍者の基地を作ろうというアイディアや、忍者の基地の設計図や忍者の衣装デザインについて話し合ったので、数人の子どもたちが家で忍者基地の絵を描いたり、忍者の衣装を作ったりしてきました。
　その中でSちゃんの絵を見てびっくりしました。なぜなら、今までに園でSちゃんが描いた絵では見たことのないような、じっくりと丁寧に描かれた絵だったからです。また、絵の得意なYちゃんは、紙の両面に忍者屋敷の絵を描いてきてくれました。さらに、Kちゃんは家でポリ袋の忍者の衣装を作って持ってきてくれたのです。

↑忍者屋敷ができてきた。

ここまで積極的になった子どもたちの姿にびっくりするとともに、本当にこのあそびを自ら考え、楽しんでいることがよくわかり、うれしかった。

かぐのみ幼稚園（神奈川県・逗子市）

変身しよう！

Kちゃんが家で作ってきた衣装に刺激を受け、すぐに忍者の衣装作りが始まりました。Yちゃんは、青と赤のポリ袋を探してきて、カラフルな衣装を作っています。衣装を作り終わると、さっそく身に着けて小道具などを探して、あそびはじめました。

帰りの集まりのとき、Kちゃんが園で作った「にんじゃやること のーと」の内容をみんなの前で発表してもらいました。その内容に、子どもたちも感心。今後は、このノートに書かれたことをやっていこうということが決まりました。

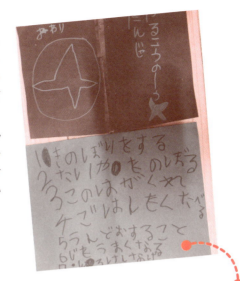

にんじゃ やることのーと

1. きのぼりをする
2. たいやをのぼる
3. このはがくれ
4. ごはんをたべる
5. うんどうすること
6. じをうまくなる
7. しゅりけんなげ

↑ 修行の場にはり出された、子どもたちが作った巻き物。

「にんじゃ やることのーと」には、忍者修行の内容が書かれていた。「忍者の学校みたい」というだれかの一言で、その場で忍者の学校もオープンすることに。さっそく忍者学校で行う忍者の修行を、カードにしようと作る子どもたちやサイコロを転がして、出た目によって修行をしようとゲーム感覚のあそびを加えて修行を楽しむ子どもたちも出てきた。

↑ 黒のポリ袋の衣装はクールでかっこいい忍者をイメージ!?

↑ カラフルなポリ袋の衣装で、思い思いになりきりポーズ。

↑ 忍者修行のカードを描く子どもたち。

ここがポイント

子どものあそびを刺激するのは、挑戦心をそそったり、冒険心をくすぐったり、不完全で秘密めいたもの。忍者学校で修行して忍者になれるというストーリーが、子どもの意欲をかきたてた。

5歳児クラスの実践　子どもがデザインする園庭環境

1月末〜　作ってよかったね

園庭いっぱいに忍者修行の場や忍者屋敷ができたので、忍者の衣装を身に着けて、なりきってあそぶ姿が増えてきました。それに伴い、年下の子どもたちも興味をもって集まってくるように。年長児たちもその姿を見て、忍者屋敷に招いたり、仕組みを説明したりして楽しんでいます。

「ことりさん、ひよこさんもあそんでいるし、作ってよかったね」「みんなの力が合わさったからできたんだね」とうれしそうに話し合っていました。

> 作った物であそぶことが、自分たちのあそびの充実だけでなく、年下の子どもたちと楽しむことに広がった。また、楽しそうにあそぶ年下の子どもたちの姿を感じ、喜び合い、共有している年長児たちの心の育ちが感じられた。

→忍者屋敷へ、ようこそ！

←お兄ちゃん忍者の技はすごい！

ここがポイント

主体的にあそぶ姿は、年下の子どもたちの刺激にもなる。あそびの中で芽生える憧れの気持ちが、新たな学びの芽になっていく。

山に修行に出かけよう

園庭いっぱいに修行コースを作ってダイナミックにあそんだ経験から、子どもたちの気分は、いつでもどこにいても忍者！　さらに修行をしようと、園の裏山に出かけることにしました。裏山に忍者修行に行くと聞いた子どもたちはさっそく地図を描いてきました。

> 裏山も、子どもたちのあそび場。いつも来ている場所だが、忍者の修行となるとまた違って見える。子どもたちが描いてきた地図に、裏山に点在する境界標の位置を「秘密のマーク」として描き加えると、忍者の世界のイメージがより広がっていった。

↑描いてきた地図を見て、修業の場所を確認！

↑境界標は、裏山の秘密のマーク。

体験を共有して達成感を得る

　山歩きにチャレンジすることで、子どもたちのモチベーションが上がっています。忍者になりきった子どもたちは、自ずと「にんにん」「修行でござる」などと忍者をイメージした言葉で会話し、林の中では手裏剣を投げるポーズをしたり、ぬき足、さし足で歩いたりして忍者になりきって楽しんでいました。

> 忍者のイメージの力で、心も体もたくましくなっている印象だった。自然にふれながらの修行を終えて園に戻ると、一人一人が自信に満ちた表情で、「やったね！」と喜び合っていた。

↑ 切通し（狭い道）岩渡りの術だ。

↑ くさり場は慎重に。

↑ 忍び歩きの術。ぬき足、さし足、忍び足。

1月25日　忍者屋敷が壊れてる！

　忍者修行終え、修行の場をときどき作り直しながら、子どもたちの忍者ごっこは続いていました。そんなある日、前日に雪が降ったのですが、朝登園して来ると、Kちゃんが園庭の忍者屋敷が壊れているのを発見しました。少し後から登園してきたTちゃんが心配して、「雪降ったね。忍者屋敷、どうなっていた？」と駆け込んできました。すると、「壊れていた。でも、直せばいいよ」とKちゃん。その言葉を聞き、子どもたちの意欲や臨機応変に発想を広げられる姿に成長を感じました。

> 自分たちで作った忍者屋敷や修行のコース。だれもが大切に思っているのがよくわかった。そこで、忍者ごっこの様子を今まで何度か伝えてきた保護者にも、雪によって子どもたちの大事にしている物が壊れたこと、また直してあそぼうとしていることを伝えた。

子どもがデザインする園庭環境

強力な助っ人現る!

忍者屋敷が壊れてしまった話を聞いた大工さんのKUちゃんの父親が、みんなの作った忍者屋敷や基地を見に来てくれました。丈夫で安全な物を作りたいなら、自分でくぎを打ったりするのはどうだろうと提案してくれ、園に来てくれることになりました。そのことを聞くと、子どもたちは大喜び。まず、子どもたちに実際にくぎ打ちした物を見せて、「ぐらぐらしている物は、どうやったら強くなるかな?」と投げかけてみると、Sちゃんが木をぐらぐらするところに当てて強くする方法を、実際の木を使って見せてくれました。これにはKUちゃんの父親も感心していました。さっそくみんなで補強をはじめました。KUちゃんの父親は、子どもたちのイメージを聞きながら作った物に寄り添い、「こうやったら、丈夫になるよ」と、どこにどう補強を入れるとよいかの知恵を出してくれました。

Kちゃんは、構成あそびは大好きでしたが、金づちを使ったことがほとんどありませんでした。しかし、KUちゃんの父親から個別に指導をしてもらうと、すぐにこつをつかみ、友達と楽しそうに作り方を話し合い、夢中になって長時間集中し、基地を補強していました。

「くぎ打ちも上手になったよ」

ここがポイント

作りたい物をイメージどおりに作るには、技術も必要。作りたい思いがあると、技術をどんどん吸収していく。子どもたちにとって先生は保育者だけではない。時には1つの目的のために、人の輪が広がる環境を作っていく。

「どうやって強くする?」

「木を当てるようにしたらいいよ」

> 忍者ごっこから、再び製作あそびの興味を刺激された子どもたち。専門家から技術を教わり、自分でできることが増えていくと、友達と相談しながら進める姿がさらに増えた。また、危なくないようにするための強度についての話なども聞き、安全を意識するようになった。

根気強く、協力して作る

2階にある隠れ家をイメージしたKちゃんたち。ジャングルジムを利用して、はしごを載せて土台を作っています。ジャングルジムの上なので、木材を運ぶのにもひと苦労ですが、作業を分担して役割を担い、協力しています。途中、屋根にしているござが風で飛んでしまうアクシデントもありましたが、根気よく何度も拾ってきては掛け直していました。

> Kちゃんたちは話し合って作業をしているものの、役割分担を先に話し合ってから、やっていたわけではなかった。ジャングルジムのてっぺんに畳の切り落としを並べているKちゃんの姿を見たほかの子どもたちが手伝い、暗黙のうちに協力し合い、分業して作っていた。それは「あ・うん」の呼吸とでもいえるような作業で、まさにイメージの共有ができているからこその姿だった。

↑ 2階の隠れ家作り。

かぐのみ幼稚園（神奈川県・逗子市）

子どもの思いをくみとり臨機応変に

　木工の技術を身につけ、たくさんの忍者屋敷や修行の場を作り上げた年長児の姿を見ていた年下の子どもたち。年長児が園庭にいないときでも、年中少児も友だち同士で興味関心を持ち、高いところへ上ったりして、いつの間にか見よう見まねであそんでいました。このようにして、子どものあそびの文化が伝承されていきます。子どもたちはあそびを通して、さらに集中力・持続力を深め、あそびこんでいくのです。

　園庭のあそびは季節や発達に伴い自由に工夫しながらあそびます。そのために必要なのは子どもの思いを汲み取り、子どもと共にどう環境構成していくのかを、その都度考えていくことだと思います。この忍者の活動は卒園の直前まで継続発展し、その中で一人ひとりも集団も大きく育っていったことが、保育者にとっても大きな喜びと学びになりました。

↑ 屋根に苦労した隠れ家の完成。

↑ 木工技術を生かし、楽しんで作る忍者屋敷。

↑ その後も卒園直前まで、作っては壊し、作っては壊しを繰り返し、異年齢が混じり合ってあそんでいた。

園庭に子どもたちのごっこあそびが展開する「拠点」をデザインできる保育環境！

大豆生田 啓友

○忍者というテーマが原動力
　体を動かしてあそぶ姿から、話し合いを通して「忍者ごっこ」となったことが、さらに心と体を動かして活発にあそぶ原動力になりました。だから、単に好きにあそんでいるだけでなく、プロの保育者がかかわって、話し合いに導いたことが重要なのです。

○協同的に製作する経験があったこと
　忍者ごっこのイメージから、修行コースのすべり台を作り始めたのは、これまでに何度も協同的に製作する経験が、5歳児の子どもたちにはあったからです。そのことは、第1部のかぐのみ幼稚園の写真からもわかります。

○リスクとハザード
　危険が伴うあそびはやめさせたくなります。しかし、すべてやめさせれば、あそびを通した意欲的な学びはトーンダウンします。この園の取り組みでは、単に危険でもよいとしているのではありません。自分で乗り越えられる危険（リスク）を尊重し、自分で予測することが不可能な危険（ハザード）を取り除くことを行っています。のこぎりとくぎを持って何人かの大人がかかわったことの記述からもわかります。

○園庭にあそびの「拠点」があること
　このように、園庭に子どもたちのあそびの拠点が作れるというのもよい点です。単に走り回るだけの園庭ではなく、いつくつかのあそびの「拠点」が創出できることが重要なのです。

3〜5歳児クラスの実践

仁慈保幼園
（鳥取県・米子市）

- 米子駅から徒歩10分ほどの市街地にある保育園。
- 海も山も近く、自然に恵まれている。
- 全園児数約140名。3〜5歳児は縦割り保育で3クラス。1クラスは約24人。

万華鏡の魅力から広がる世界

保育者が保育室に置いた
1本のテレイドスコープ（筒の先にビー玉を付けた万華鏡）。
そこから物語がはじまります。
「きれいな模様が見たい！」「どんな作りになっているんだろう？」という
子どもたちの思いを受けて、
保育者はどんな環境を構成していったのでしょうか。

4月11日〜
保育室にテレイドスコープを置いてみた

　ラップやペーパーのしんをのぞいてあそんでいる子どもたちの姿を見て、さりげなく保育室にテレイドスコープを置いてみました。

　数日は誰も関心を示さなかったのですが、ある日、Tちゃんが室内にある花をのぞいて、「お花がいっぱい映ってきれいに見える」。自分の目で見るのとまったく違う万華鏡の世界に驚いたようです。その様子を見ていたほかの子どもたちも、のぞく場所によって、模様の見え方が違うことに気がつきました。

　子どもたちはテレイドスコープを「ビー玉万華鏡」と呼び、ビー玉万華鏡でいろいろな模様探しをするのが、子どもたちの大好きなあそびになっていきました。

5月2日〜
集まりの会での話し合い

　「万華鏡を通して見ると、どうしてきれいな模様に見えるんだろう？」。子どもたちの間から、そんな疑問が聞こえてくるようになりました。

　集まりの時間に子どもたちと、その疑問について話し合ってみることにしました。「ガラスが入っていると思う。それで、模様が見えるんだよ」、「反射して模様が映るんだよ」などといろいろな意見が出てきました。

　この日を境に、子どもたちの中には、「万華鏡の中には何が入っているのか？」という疑問が、大きく膨らんでいきました。

→ アクリルストーンがキラキラしている。

ここがポイント
子どもたちの姿から、次の姿を予測して環境を考えることが大切。

↓ 中はどうなっているのか……。みんなの疑問がどんどん膨れ上がっていく。

ここがポイント
クラスでは、万華鏡のほかにいろいろなあそびが同時進行している。朝と夕方に集まりの時間を設け、そこでその日楽しかったこと、今感じている疑問などを話し合って、共有している。

↑ 見る所によって、見え方が違う！

💬 前年度、影絵やライトテーブルなど、光を使ったあそびが盛り上がったことを受けて、新しい光のあそびのツールとして、担任はテレイドスコープを用意した。

仁慈保幼園（鳥取県・米子市）

5月9日
万華鏡を切ってみた！

　Uちゃんが「この万華鏡を壊したら、中がどうなっているか、わかるんじゃない？」と、担任に言ってきました。「先生も中に何が入っているのか、気になるなあ」と答えると、「じゃあ、壊して確かめてみようよ」。そこで、真ん中からのこぎりで切ってみることにしました。それまで宝物のように扱われていた万華鏡でしたが、子どもたちは万華鏡を壊すことにまったく躊躇しません。わくわくした表情で万華鏡を切り出します。

　切った万華鏡から出てきたのは、三枚の細長い鏡と、先端に付いていたビー玉だけ。子どもたちは「これだけ？」と不思議そう。でも、万華鏡を切ったのは、自分たちなので、すぐに納得したようです。この後、家からラップのしんやペットボトルなど、「のぞける物」を持ってきて、万華鏡を作るあそびへとつながっていきました。

5月18日〜
模様のきれいさを、みんなと共有したい

　4歳児のHちゃんやAちゃんは、中に入っている模様に感心をもち、「中の模様は、取れるのかな？」「中の物を変えると、どうなるのだろう？」と、先端の容器の蓋を取って、素材を変えてみることに。中に入っていたスパンコールを出して、アイロンビーズを入れてのぞいてみました。すると、模様の形や色が、変化したのです。このとき、2人は、素材によって、模様が違うことに気づきました。

　その後も、2人はいろんな素材を入れて模様を楽しんでいました。

　すると、Hちゃんが興奮気味に、「先生、来て！」と声を上げました。「どうしたの？」と聞くと、「万華鏡を回したら、模様が変わった！」と言うのです。驚きに共感し、「本当だ！　すごい！」と言うと、Hちゃんは満足そうな表情を見せ、「お集まりで紹介したい」と言いました。

↑ わくわくしながら、万華鏡をのこぎりで切ってみる。

↓ えっ、これだけしか入っていないの？

↑ 好きな物を、万華鏡に入れて。

💬　当初、万華鏡の内部構造を知るために、担任は、本やインターネットで調べて掲示するなどの方法も考えた。しかし、子どもたちが知りたいのは、ずっと使っていた目の前の万華鏡の中身だったので、壊してみることに賛成した。反対する子もいるかと思ったが、どの子も中身を見ることにわくわくしていた。子どもたちの興味は、「きれいな模様探し」から「万華鏡の中身」へと移り変わっていったのだ。

💬　ビー玉万華鏡の広がりを受け、担任は休日を利用して「万華鏡ミュージアム」に出かけた。そこで、子どもたちが興味をもちそうな資料をもらったり、展示の写真を撮影したり、先端の容器が取りはずせるチェンバースコープを買ったりして、休み明けに子どもたちに紹介した。

ここがポイント
本やインターネットで調べる間接的な経験より、可能なことは直接本物で経験することが大事。

ここがポイント
担任が当たり前のこととして知っていることでも、ときには、子どもと驚きを共感することが大事だ。

3〜5歳児クラスの実践 万華鏡の魅力から広がる世界

順番に万華鏡をのぞいてみたが……

その日の集まりの時間。「Hちゃんは、万華鏡であそんでいるときに、何か発見したんだよね？ どんなことを発見したんだっけ？」と、担任が問うと、Hちゃんは誇らしげに、「万華鏡を回すと、模様が変わる！」と言いました。

その後、Hちゃんの言っていることを確かめるために、クラスで1本の万華鏡を回して、全員が万華鏡をのぞいてみました。子どもたちは口ぐちに、「本当だ！」「きれい」と言ったり、何も言わずにじっとのぞいたりしながら、次の人に万華鏡を手渡していきました。全員見終わったところで、「Hちゃん、おもしろい発見を教えてくれて、ありがとう」と、集まりの会を終えました。

ほんとだ！模様が動くね！

一見、まとまりがあり、子ども同士で伝え合うことができたとてもよい集まりのように見えたが、担任は、何とも言えない「気持ち悪さ」を感じていた。もちろん、Hちゃんは満足していたし、数名の子どもたちは「すごい」「本当だ」と、Hちゃんの気づきに共感していた。しかし、担任はこのやり方では本当の意味で、Hちゃんの気づきを共有したことにはならないのではないかと感じた。そして、「27人で同時に、模様が変わる瞬間を見ることはできないか？」と考え、「万華鏡の模様を画像や動画として取り込んで、プロジェクターにつなぎ、スクリーンに映して見る」というアイディアを思いついた。このアイディアを担任2人で共有し、すぐに必要な物をそろえた。

→ 見たときと、同じ模様が撮れた！

ここがポイント

子どもよりも経験値のある大人がともに過ごすメンバーの一員として、後押しをしたり、ヒントを出すことで、子どもたちの世界をも広げ、ときには大人が子どもの思いをかなえるアイディアや環境を提供することも必要。

6月8日〜 はじめての万華鏡映画館

子どもたちが集めた模様を、静止画や動画として記録した物が、だいぶたまってきました。そこで、集まりの時間にスクリーンに映し出し、みんなで見る時間をもちました。

いつもは保育室にないプロジェクターやスクリーンを見ただけで、子どもたちの期待は高まります。

そして、最初の静止画がスクリーンに映し出されると、一斉に子どもたちの表情が変わりました。そこには、小さな筒の中にある模様を見るのとは、また違ったおもしろさがありました。子どもたちは、大きなスクリーンに次々に映し出される模様の一つひとつに、「きれい」「すごい」と歓声を揚げながら見入っていました。

静止画を見た後、カメラのレンズに、万華鏡ののぞき口をあて、万華鏡を回転させながら撮った動画も見ました。まさに、Hちゃんの言っていた「万華鏡を回しながらのぞくと、模様が変わる」という出来事がスクリーンの中で起こっています。すかさず「Hちゃんの言ってたことって、こういうことだよね？」と担任が言うと、Hちゃんはうれしそうにうなずいていました。

↑ 自分が気に入った模様が映し出されるたびに、歓声が揚がる。

↓ 子どもたちもうれしそう。

子どもたちの期待感を高めるため、「万華鏡映画館」というネーミングを考え、担任2人は「映画の進行役」と「映像担当」になりきって演じた。

Hちゃんにとっては、集まりのときにみんなの前で発表しただけで満足だったかもしれない。ただ、1人の気づきがほかの子どものあそびに刺激を与えるのではないか、また、本当の意味で気づきを共有することに意味があるのではないかと思い、この催しを行った。

仁慈保幼園（鳥取県・米子市）

スクリーン以外に映すあそびも

　万華鏡映画館では、模様をスクリーンに映すだけでなく、白い布に映したり、担任が着てきた白いTシャツ、黒いワンピースに映したり、子どもたち自身の洋服に映すあそびも楽しみました。3歳児に多かったのは、模様が映った自分のTシャツをめくり、おなかにも映るかどうかを確かめる姿です。自分の服もおなかも、赤や黄色の模様になるのが不思議でたまらないという表情でした。
　プロジェクターを使うことが、まったく新しいあそびが生まれることにつながりました。

← 保育者の白いTシャツに、模様が。

💬 この年は、春の草花あそびから染物を楽しむ姿が見られるようになっていた。そのあそびとの連動性も意識して、映像を布に映すあそびを提案した。

↑ 自分たちの服にも、模様を投影してみる。

ここがポイント

ふだんは、子どもの興味や声がきっかけとなって活動が始まることがほとんどで、あそびのプロセスの中で子ども自身がさまざまな試行錯誤を繰り返しながら、興味を広げていく。しかし、ただ子どもの声を待つだけでは興味の広がりに限界があるので、ときには、大人が新しい提案もすることが大切。ただ、それが誘導にならないよう、距離感とタイミングが大事。

6月12日〜
万華鏡作りにチャレンジ

　Hちゃんが、「万華鏡を自分で作ってみたい」と、家から、ペットボトルを持ってきて、「これで万華鏡が作れるかな？」と、少し不安そうに言ったので、保育者が一緒に作ってみることにしました。
　Hちゃんは、テレイドスコープを解体したときのことを思い出しながら、ペットボトルの断面を切り、3枚の鏡を三角の形に合わせた物を入れ、透明フィルムのレンズをのぞき口に付けました。
　Hちゃんは、「模様が変えられる万華鏡にしたい」とアイディアも出して、先端の部分は取り外しができるように工夫しました。
　身近な素材や廃材でも、既成の万華鏡と同じように模様が見えることを確認することができました。
　Hちゃんが作った「ペットボトル万華鏡」をきっかけに、ほかの子どもたちも自分の万華鏡作りを楽しむようになり、「今度は、自分の作った万華鏡の模様を見てみたい」という意見が出て、カメラでの模様集めが始まりました。カメラの動画の操作を覚え、自分の好きな模様を記録するようにもなってきたのです。手作りの万華鏡でできた模様を集め、2回目の万華鏡映画館を開催することになりました。

→ ペットボトルを切って……。

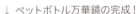
↓ ペットボトル万華鏡の完成！

↑ ペットボトル万華鏡で見た模様。

ここがポイント

初めに少しの後押しをするだけで、子どもたちのイメージが広がり、あそびが広がっていく。

3〜5歳児クラスの実践　万華鏡の魅力から広がる世界

6月22日　第2回万華鏡映画館

　子どもたちが作って、子どもたちが撮影した手作り万華鏡の模様を集めて、2回目の万華鏡映画館を開催しました。

　自分たちが撮影した映像が映し出されるたびに、「お花畑みたい」「宝石みたい」「海の中に入って泳いでるみたい」と、子どもたちの間からさまざまな感想が聞こえます。

　5歳児のTちゃんの作ったべっこう色のガラス玉を使って作ったビー玉万華鏡の動画が映し出されたときです。みんなが「きれい！」「かわいい」と模様を見てはしゃぐ中、同じ5歳児のFちゃんだけは、この模様を見て「この模様は地獄の炎の川だ」と言いました。

　このFちゃんの言葉を聞いて、Tちゃんが、「お化け屋敷ごっこ」で使ったがいこつの絵を持ってきて、何も言わずに模様の中に入れました。

　地獄の炎の川の模様の中に入ったがいこつの絵は、雰囲気たっぷりです。周りの子は口々に「すごい怖い」「炎の川にがいこつが入ってる」と驚いたり、おもしろがったりしていました。

→ お花畑のような模様。

地獄の炎の模様だ！

↓ プロジェクターの前に立って、模様の上にできる影もおもしろい。

　Fちゃんは、3歳児の頃から「妖怪図鑑」という本が大好きで、何度も繰り返し見るうちに妖怪に詳しくなり、みんなから妖怪博士と認められていた。Fちゃんは、自分の表現を友達にも認めてもらい、その上、共に楽しんでもらえて、とてもうれしそうだった。この「模様を何かに見立てる」「模様から怖さを感じる」という気づきは、その後、模様を使った怖い世界作りへと展開していった。

ここがポイント

子どもたちのどんな気づきでも大切にすることで、新しいあそびへと展開していくきっかけになることがある。

7月8日〜　がいな祭りに向けて

　毎年「がいな祭り」という街をあげてのお祭りがあり、手作りのおみこしをみんなでかついで参加します。「今年のおみこしは、どんな物にしようか？」とみんなで相談すると、今保育室ではやっている万華鏡の模様や板じめ染めを盛り込んだすてきなおうちのデザイン画が出来上がりました。

　デザイン画を描いた子に集まりの会で発表してもらったことで、「万華鏡の模様を描く」「ステンドグラスのような模様にしたい」など、いろいろな意見が出て製作に取りかかりました。

　春から活動してきた日常のあそびをモチーフにしたおみこしをかついで、子どもたちは、がいな祭りを楽しみました。おみこし作りをした子どもたちの間からは、「がいな祭りが終わったら、今度は、自分たちが入れる万華鏡の模様のあるおうちを作りたい」という声が上がっています。子どもたちのイメージは、どんどん広がっているようです。

↑ おみこしもだいぶできてきた。

↑ デザイン画の完成！

→ 完成したおみこし。

ここがポイント

イメージ画を描くなど情報を視覚化し、それを基にみんなで話し合うことで、全員がイメージを共有できる。

さらに、おみこしを作りながら対話を重ねることで、次のおうち作りというイメージも膨らみ、子どものあそびが広がっていった。

仁慈保幼園（鳥取県・米子市）

7月～ 夜の世界ごっこをしよう!

← みんなで話し合い、意見をまとめる。

　おみこし作りが進んでいる同じ時期に、5歳児のOちゃんが、一人黙々とコウモリ作りに取り組んでいました。
　画用紙でたくさんのコウモリを作ると、今度は部屋の一角の壁に黒い布を張り、そこに作ったコウモリをはっていきます。万華鏡映画館のときのように、カーテンを締め切り、電気を切り、怖いとみんなが言っていた万華鏡の模様を映し出しました。しかし、予想に反して、模様は今ひとつはっきり見えません。残念そうなOちゃんの様子を、その後の集まりのときにあえて話題に出しました。
　「Oちゃんは、今日コウモリを作って、地獄の炎の川の模様を写して、怖い世界を作ろうとしていたんだよね」という保育者の問いかけに、「あんまり模様が映らなかった」と、Oちゃん。そのやりとりを聞いていた子どもたちは、次々に手を上げて知っていることを話します。
　Yちゃんが「夜やればいいんじゃない？　だって夜のキャンプごっこのときも、イルミネーションが光ってたもん」と言ったとたん、子どもたちから一気に「やりたいこと」のアイディアが出てきたのです。
　きっかけとなった「怖い模様を使ってお化けの世界を作りたい」というのはもちろん、それ以外にもいろいろなアイディアが出てきました。

→ 完成したウエブ。

◎ 夜の暗い中で、万華鏡映画館をしてみたい。
◎ お花畑の模様の中でピクニックをしてみたい。
◎ 格好いい模様の中で、コンサートをしたい。
◎ ステンドグラスや万華鏡の模様を使って、園庭にイルミネーションを飾りたい。

　前年度、このクラスの子どもたちは、夜の8時までという条件付きで、「夜のキャンプごっこ」を楽しんだ。この経験から、Yちゃんは「夜8時までなら、園で過ごせる」ということと「夜の暗さは、光をきれいに見せる」ということを知っていて、「夜」という発想が出てきたのだと思った。「夜」という設定をまったく予測していなかった担任は、Yちゃんの言葉に驚かされるとともに、経験の中で、子どもがしっかり学び取っていることを感じた。

ここがポイント

● 日常生活が豊かで、子どもの思いを大切にした生活をしていると、子どもたちからさまざまなアイディアがあふれ出す。
● 子どもから出たアイディアは、文字や絵にして、視覚化すると、イメージを共有できるだけでなく、準備物や問題点などを知るきっかけにもなる。

9月6日～ 「夜の光の世界ごっこ」の準備進行中

↑ 夜の光の世界ごっこのときの、コンサートの練習。

↑ 染め物でドレス作り。

　「夜の光の世界ごっこ」の計画の中では、何がやりたいかだけでなく、具体的に「夜の光の世界ごっこ」を実現するために、会場設置の表や、タイムスケジュールなどを作りました。
　毎日のあそびの時間に、準備は着々と進んでいきます。朝夕の集まりの時間には、「今日、準備を進めた人いる？」と声をかけ、誰が何をどこまで進めているのかを、共有する時間をもちました。そうすることで、一斉に準備をしなくとも、互いに情報共有でき、1つの目標に向かってみんなで取り組むという意識をもつことができたのです。

↓ 段ボールをくり抜いた窓にカラーセロハンをはり、中から光らせる仕組み。

↑ がいこつは、いかに怖く映すか。

　「具体的な計画を作る」ことは、昨年度のキャンプごっこやそのほかのあそびの中で何度もやってきた。クラスで日常的に積み重ねてきた日々は、子どもたちの文化となり、受け継がれているものがたくさんあるのだと感じた。

3〜5歳児クラスの実践　万華鏡の魅力から広がる世界

11月中旬〜　光るおうちが光らない……。

午後からは、園庭に出て、イルミネーションやピクニック、万華鏡模様の投影の準備が始まりました。イルミネーションでは、光るおうちやステンドグラスのおうちの配置をして、築山の上に電飾を付けていき、地図を見ながら、自分たちで確認していました。Mちゃんたちが前に立ち、自信作を紹介してくれました。おうちの中に実際に投光器を入れて「絶対きれいに光る」という期待の中、カウントダウンをして投光器のスイッチを入れました。光った瞬間、わーっと歓声が揚がりました。「担任がよかったね！」と終わりにしようとしましたが、何人かの子どもたちは、複雑な表情をしています。そこで、もう一人の担任が、「ほんとにきれい？」と尋ねると、「あんまり光ってない」「もっと光ると思ってた」と、口々に本音をもらしました。「夜の暗い中なら、もっときれいに見えるのか」と、子どもたちは、期待と不安に包まれながら、夜を迎えることになりました。

↓ あんまり、光がきれいじゃない……。

> 大人はつい、「完成＝成功＝うれしい」とつなげたくなるが、それでは実際の子どもの気持ちに寄り添えないこともあるのではないだろうか。「予想より光らなかった」という残念な気持ちがあることで、「じゃあ、夜の暗さの中なら光るのか？」という疑問をもちながら、そのときを迎えられるようにした。

11月30日〜　夜の光の世界ごっこ①

「夜の光の世界ごっこ」の当日は、朝からみんなわくわくしていました。午前中は、夜のイベントに向けての準備です。クッキングをしたい子が参加して、お花畑の模様を投影してのピクニックで食べる「シチュー」作りをしました。午後からは、サンドイッチ作りもして「ピクニック」の準備は万端です。

そして、夜。自分たちがやりたかったことが、1つひとつ実現されていくことが、子どもたちにとって大きな喜びになりました。屋外なので、スクリーンの代わりに大きな白い布を用意して、そこに模様を投影しましたが、プロジェクターを別の方向にずらすと園庭の木や、固定遊具、園舎にもその模様が映ります。さらには、園の隣に建つホームセンターの壁にも大きな模様が映ることがわかり、自分たちの手で、身の回りの物に模様をつけられることにおもしろさを感じていました。

きもだめしは、例の地獄の炎の川の模様を背景に、妖怪博士のFちゃんが描いた大きな「閻魔大王」の絵や、Yちゃんが作ったコウモリを、園庭の柳のトンネルに飾り、ハロウィーンで見事なおばけを演じた5人の子どもたちが、真っ暗な固定遊具の中に潜みます。「夜なら模様が映ると思うよ」という提案から始まった「夜の光の世界ごっこ」で見事に「怖い世界」が映し出され、大成功でした。

↑ ピクニックごっこのための、カレーの準備。

みんなが考えた夜の光の世界ごっこ

① ピクニック
　お花畑の模様の中でサンドイッチとシチューを食べる。
② イルミネーション点灯
　光るおうち、電飾をカウントダウンして点灯。
③ 万華鏡映画館
　布に万華鏡の模様を投影する。
④ きもだめし
　怖い模様を映しながらきもだめしをする。お化け役5人。
⑤ 染め物ファッションショー
　叩き染めや板じめ染めの衣装を使って。
⑥ コンサート
　銭太鼓、バンドチームが格好良い模様の中で演じる。
⑦ 保育士からのお楽しみ企画
　子どもには内緒。模様と影のお話。
⑧ 振り返り
　感想を話し合う。温かいココアを飲みながら。

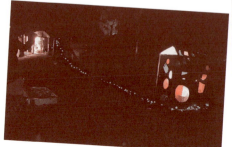

→ ひかるおうちとイルミネーション。

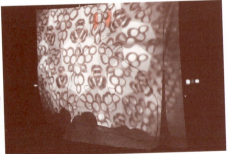

↑ 大きなスクリーンに映し出された万華鏡の模様。

仁慈保幼園（鳥取県・米子市）

夜の光の世界ごっこ②

コンサートでは、この年クラスではやったQueenの曲に合わせて銭太鼓を演奏する子どもたちや、春から作りためてきた染め物を身にまとい、模様の中をウォーキングするモデルが登場しました。また、木箱とタンバリンを組み合わせて作ったドラムを使って、バンドチームが『風が吹いている』という曲を演奏し、「万華鏡への興味」と、「日常のあそび」が融合し、お客さんからも大声援が送られました。

担任の出し物の後、暖かいココアを飲みながら、振り返りの時間を持ちました。「光るおうち」を作ったMちゃんは、「昼間は、あんまり光らんかったけど、夜はすごくきれいに光って、おうちを作ってよかったなと思った」と、ぽつんとひと言。この言葉を聞いて、子どもの目線に立ち、本当に光っているかどうかを確かめたことを思い出しました。うまくいかない課題や、疑問、仮説を持ちながら、やりたいことに向かう意味を、改めて感じました。

↑ 銭太鼓を演じる子どもたち。

夜の光の世界ごっこは、子どもたちにとって特別な日となった。だが、これは決して、「単なるイベント」や「ゴール」ではなく、あくまでも日常の通過点に過ぎず、翌週からも盛り上がってきた興味が続いたり、これをきっかけに新たな活動が生まれたりしていった。園では、子どもたちにとって「特別」なものであっても、その日限りで終わるのではなく、今あるあそびに推進力を与えるものであってほしいと願っている。

↑ 光に包まれた園の外観。

↑ 保育者のお楽しみ企画は、万華鏡の模様を演出に用いた「三びきのやぎのがらがらどん」の影絵と「わたしのワンピース」のお話。

一人の小さな気づきから、多様な子どもたちの協同的な手応えを生み出す環境デザイン！

大豆生田 啓友

○問いや探求が生まれる保育と環境

万華鏡への関心から、万華鏡作りへ。そして、光への関心から、映画館作りや夜の光の世界ごっこへとの展開。こうした豊かな展開の背景には、子どもの「なぜ？」といった問いや発見があるのです。なぜ、問いや発見があるのかと言えば、子どもの小さな問いや気づきに丁寧に応じ、みんなで共有しようとする保育者の姿勢があるからです。そして、そのたびに子どもと一緒に必要な環境を用意しているのです。まさに、環境の再構成です。

○プロジェクターによる違った見え方の提案

また、子どもの問いや気づきに対する保育者の環境の提案も、とてもセンスとアイディアがあります。それは、たとえば、万華鏡の中を動画で撮影し、プロジェクターで映してみようという提案です。これは、子どもにとって、万華鏡の世界の見え方ががらりと変わる見せ方であり、クラスでの感動の共有でもあります。どのようなツールを提供することが、学びをより豊かにするか、これまでの保育の既存の枠組みを超えて考えることも重要なのです。

○多様な活動の参画と手応えのある経験

そして、「地獄の炎の模様だ」と言ったFちゃんや、染め物をしていた子など、共通のテーマに多様な参加があることが、それぞれのイメージを実現する手応えと、みんなで一つのイベントをやりとげる一体感へとつながっているのです。

編著

大豆生田 啓友（おおまめうだ・ひろとも）

玉川大学教育学部乳幼児発達学科教授。
乳幼児教育・保育学・子育て支援などを専門に、テレビや講演会のコメンテーターとしても活躍している。
『子育てを元気にすることば―ママ・パパ・保育者へ』（エイデル研究所）、
『「子ども主体の協同的な学び」が生まれる保育』、『「対話」から生まれる乳幼児の学びの物語』
（ともに学研教育みらい）など、編・著書多数。

執筆・指導・写真協力（五十音順）

出原 大（松山東雲女子大学准教授）

かぐのみ幼稚園（園長：石井稔江　教諭：石井はるか　石井 望）

しぜんの国保育園（園長：齋藤紘良　副園長：齋藤美和）

奈良教育大学付属幼稚園（教諭：鎌田大雅）

仁慈保幼園（統括園長：妹尾正教　園長：舩越郁子　主任保育士：舩越早苗　事例担任：福山篤　松田ひとみ〔多摩川保育園〕　松尾賢　奥田沙耶）

世田谷仁慈保幼園（統括園長：妹尾正教　園長：佐伯絵美　主任保育士：石神順子）

せんかわみんなの家（法人統括事務局長：黒澤隆宏　園長：和田満佐代）

多摩川保育園（統括園長：妹尾正教　園長：相川はる美　主任：斉藤奈津美　事例担任：成宮有紀　三野紗希子　萱野知映　杉浦結美）

ちいさなたね保育園（園長：安江文子　保育士：下垣美紀　松原裕子　齋藤詩保　大野舞香）

東一の江幼稚園（園長：田澤里喜）

ひだまり保育園（園長：松原知朱　主任：髙﨑温美　保育士：梅山ちあき　青木亮志）

陽だまりの丘保育園（園長：曽木書代）

RISSHO KID'S きらり（園長：坂本喜一郎）

Staff

編集制作 ● 小杉眞紀　佐々木智子
カバーデザイン・表紙・本文デザイン ● 内藤正比呂
表紙・本文写真 ● 出原 大　亀井宏昭　鈴木さや香　牟田敬之
　　　　　　　　かぐのみ幼稚園　　　　　　関西学院聖和幼稚園
　　　　　　　　市立都跡こども園　　　　　仁慈保幼園
　　　　　　　　世田谷仁慈保幼園　　　　　多摩川保育園
　　　　　　　　ちいさなたね保育園　　　　東一の江幼稚園
　　　　　　　　認定こども園はまようちえん　認定こども園せんりひじり幼稚園・ひじりにじいろ保育園
　　　　　　　　ひだまり保育園